heute bis jetzt

ZEITGENÖSSISCHE FOTOGRAFIE
AUS DÜSSELDORF

TEIL 1
23.2. BIS 16.6.2002

SCHIRMER/MOSEL
IN ZUSAMMENARBEIT MIT

museum kunst palast

Dieser Katalog erscheint anläßlich der Ausstellung
»heute bis jetzt. Zeitgenössische Fotografie aus Düsseldorf«
im museum kunst palast, Düsseldorf: 23. Februar bis 16. Juni 2002

Ausstellung

Konzept	Jean-Hubert Martin, Rupert Pfab

Katalog

Konzept	Jean-Hubert Martin, Rupert Pfab
Redaktion	Rupert Pfab
Wissenschaftliche Beratung	Dieter Scholz, Andreas Zeising
Übersetzung	Stefan Barmann, Köln
Gestaltung/Katalogkonzept	Claudia Ott, Düsseldorf
Litho	NovaConcept, Berlin
Gesamtherstellung	Schirmer/Mosel München
Umschlagabbildungen	Hans-Peter Feldmann, Andreas Gursky

Stiftung museum kunst palast

Generaldirektor	Jean-Hubert Martin
Kaufmännische Direktorin	Angela Eckert-Schweizer
Ausstellungsmanagement	Mattijs Visser
Marketing und Kommunikation	Bert Antonius Kaufmann
Bildung und Pädagogik	Silvia Neysters
Kulturelle Entwicklung	Marie Luise Syring
Technik	Igor Kustos

Herzlich gedankt sei allen weiteren Mitarbeiterinnen und Mitarbeitern der beteiligten Abteilungen.

Unser besonderer Dank gilt
den Textautoren Sabeth Buchmann (SB), Barbara Hofmann (BH), Rupert Pfab (RP), José Lebrero Stals, Heike van den Valentyn (HvdV), Andreas Zeising (AZ)
sowie Stefan Gronert, Heike Grunow, Ann-Kristin Hamm, Markus Lüttgen, Nora Pohl, Susanne Schouba, Thomas Weski

den Leihgebern
Galerie Conrads, Düsseldorf, Galerie Dogenhaus, Leipzig, Tereshina und Tom Schönauer, Düsseldorf, Galerie Johnen und Schöttle, Köln, Lothar Schirmer, München

und den Sponsoren und Förderern der Ausstellung
E.ON AG, METRO AG, BBDO Düsseldorf, Kulturpartner WDR 3

Die Deutsche Bibliothek-CIP-Einheitsaufnahme
Ein Titeldatensatz für diese Publikation ist bei Der Deutschen Bibliothek erhältlich.

ISBN 3-8296-0052-6
Printed and bound in Italy by EBS, Verona

Inhalt

VORWORT

Die Fotografie ist ein international beachtetes Aushängeschild für Düsseldorf und seine Kunst. Ihren außergewöhnlichen Stellenwert beweist das große Interesse der Sammler sowie die musealen Würdigungen von Düsseldorfer Fotografen in Paris, New York und anderen Zentren der Kunst. Es ist eine vordringliche Aufgabe des museum kunst palast, diese wichtige zeitgenössische Kunst dem Publikum konzentriert, aber breit gefächert vorzustellen.

Auffällig an der Düsseldorfer Fotografie ist, daß sie sich deutlich von der Abstraktion abwendet und die Auseinandersetzung mit Bildgegenständen sucht, die aus der Geschichte der Kunst bekannt sind. Es handelt sich dabei um einen Standpunkt, der vor dem Hintergrund von Konzeptkunst, Minimal Art und verwandten Strömungen rückschrittlich zu wirken scheint, doch könnte man die Frage stellen, ob die Moderne nicht als eine bereits vergangene Epoche betrachtet werden kann, als Einschub in eine kontinuierliche Geschichte, die ihrerseits die Moderne umklammert? Seit Ende des 19. Jahrhunderts setzten Künstler auf formale Radikalität und entwickelten – am Vorbild Picassos orientiert – Bildwelten, die sich nicht an der äußeren Realität orientierten. Heute findet eine Neubewertung der Vergangenheit statt, und ein großer Teil der Düsseldorfer Fotografie nimmt die Tradition von Bildinhalten und Kompositionstechniken wieder auf, die von der Renaissance bis ins 19. Jahrhundert führte.

Was genau ist dabei neu, und wo liegt das für Düsseldorf Spezifische? Seit etwa fünfzehn Jahren ist es technisch möglich, großformatige Abzüge in Farbe herzustellen. Die Fotografie ist erst damit eine wirkliche und ernsthafte Konkurrentin der Malerei geworden. Als ich 1972 für das Musée national d'art moderne in Paris eine umfangreiche Ausstellung von Man Ray veranstaltete, wollte er seine Fotos nicht zeigen, weil sie ihm an der Wand im Vergleich zu seinen Gemälden klein und farblos vorkamen. Erst heute könnte er seine Vision von Fotografie angemessen realisieren. In diesem Sinne kann man – mutatis mutandis – die neuen Möglichkeiten der fotografischen Wiedergabe, die sich heute durch die Verwendung des Computers noch erweitert hat, mit der Erfindung der Ölmalerei auf Leinwand

vergleichen. Die Fotografie hat dadurch den Status einer kleineren Gattung, einer »art mineur«, abgestreift, und sie ist zu einer wandfüllenden und wirkungsmächtigen Kunst aufgestiegen. Von der Moderne aber hat sie gelernt, daß die Dimensionierung ein bewußt einzusetzendes Mittel der Kunst ist. Der Eindruck, den die Farbflächen in Barnett Newmans *Who's afraid of red, yellow and blue* machen, beruht auf einer Größe, der sich die Betrachter nicht entziehen können. Wenn die Fotografie diesen Effekt nun ebenfalls erzielen kann, heißt das nicht, daß die Technik der Vergrößerung allein schon die Kunst ausmacht. Selbstverständlich müssen weitere Faktoren wie etwa ein besonderes Weltverständnis, Innovationskraft oder eine klare inhaltliche Position hinzukommen.
Bis vor kurzem gab es nur in Düsseldorf ein Labor, in dem die großformatigen Farbabzüge hergestellt werden konnten, und so hat die Technik die Voraussetzung für eine künstlerische Bewegung geschaffen, die auch Auswärtige angezogen hat. Spezifisch für Düsseldorf ist weiterhin die enge Verknüpfung von Techniken und Inhalten. Natürlich kannte und folgte man in der Kunstakademie den neuesten Tendenzen der abstrakten und konzeptuellen Kunst immer sehr genau. Daneben gab es aber auch stets eine starke Auseinandersetzung mit Realität. Gerhard Richter, der sich virtuos auf beiden Feldern bewegt, hat auf die Frage, warum er Wolken male, geantwortet, er wolle untersuchen, ob dies heute noch möglich ist und ob es als *schön* gilt. Genau diese Thematik wird in der neueren Fotografie ebenfalls bearbeitet und an traditionellen Bildgattungen wie dem Portrait, der Landschaft oder dem Stilleben erprobt.
Diese grundsätzlichen Überlegungen gelten natürlich nur für einen bestimmten Teil der hier versammelten Fotografen. Mit der Ausstellung soll das vielschichtige Spektrum von Künstlern in Düsseldorf gezeigt werden, die Fotografie als Ausdrucksmittel benutzen. Es werden sowohl Positionen gezeigt, die aus der Fotoklasse der Kunstakademie hervorgegangen sind, als auch solche, die unabhängig davon entwickelt wurden. Um den verschiedenen Generationen und Richtungen in der Darstellung genügend Raum zu bieten, haben wir uns entschlossen, eine auf aktuelle Arbeiten konzentrierte Ausstellung in zwei Teilen zu konzipieren, mit

einem Katalog in zwei Bänden. Auf diese Weise bestimmt die Fotografie ein ganzes Jahresprogramm des museum kunst palast. Im ersten Teil werden eher politisch-soziologische und kulturell-philosophische Ansätze vorgestellt, im zweiten Teil liegt der Akzent überwiegend auf narrativen Ausdrucksformen und Inszenierungen.
Danken möchte ich an erster Stelle den beteiligten Künstlerinnen und Künstlern, ohne deren Hilfe dieses Vorhaben nicht hätte stattfinden können, sowie Rupert Pfab, dessen fundierte Kenntnis der zeitgenössischen und insbesondere der Düsseldorfer Fotografie und dessen unermüdlicher Einsatz die Realisierung ermöglicht haben. Gedankt sei auch allen Leihgebern und Förderern sowie dem Kulturdezernenten und Stadtdirektor Hans-Heinrich Grosse-Brockhoff, der bereits 1996 eine umfassende Ausstellung zur Düsseldorfer Fotografie angeregt hat. Mit der Gründung der Stiftung museum kunst palast und dem Neubau des Ausstellungsgebäudes am Ehrenhof wurden die Voraussetzungen geschaffen, ein solches Projekt großzügig umzusetzen. Den Titel »heute bis jetzt« verdanken wir übrigens dem in Düsseldorf ansässigen Tai-Chi-Meister Ma Jiang-Bao, der auch den einen oder anderen der hier vorgestellten Fotografen in Präzision und Anmut unterrichtet.

Jean-Hubert Martin

HEUTE BIS JETZT
ZEITGENÖSSISCHE FOTOGRAFIE
AUS DÜSSELDORF

Rupert Pfab

RÜCKBLICK: UND SO WAR'S...

Die Geschichte der deutschen Nachkriegsfotografie und die Geschichte der Düsseldorfer Fotografie überlappen sich zu weiten Teilen. Nicht zuletzt deshalb gilt der Großraum um die Städte Köln, Essen und Düsseldorf heute als das unbestrittene Zentrum der Fotografie in Deutschland. Während der Ruf Kölns vornehmlich mit der historischen Fotografie verbunden ist, man denke an die Fotosammlungen im Kölner Museum Ludwig,(1) die seit Beginn der fünfziger Jahre durchgeführte Fachmesse »photokina« und an die in Köln ansässige Deutsche Gesellschaft für Photographie,(2) gibt es im Museum Folkwang in Essen neben der umfangreichen Fotosammlung zahlreiche Ausstellungen zu aktuellen Positionen. (3) Düsseldorf ist unter diesen drei Städten ausschließlich Ort der zeitgenössischen Fotografie. An der Staatlichen Kunstakademie werden erfolgreich Künstler ausgebildet, die mit diesem Medium arbeiten. Indessen gründet der Ruhm Düsseldorfs durchaus nicht allein in der Bedeutung der Fotoklasse, die eng mit dem Namen Bernd Bechers verbunden ist. Es gab und gibt daneben eine beachtliche Zahl von Fotografen, die nach ihrem Studium in Düsseldorf geblieben sind oder hier Ateliers unterhalten, (4) und schließlich gibt es jene Künstler, die ausdrücklich wegen der vieldiskutierten Fotografie aus internationalen Metropolen nach Düsseldorf gekommen sind. (5) All dies trägt dazu bei, daß »Dusseldorf photography« heute weltweit und besonders in den USA als *Markenzeichen* gilt, das für hohes künstlerisches Niveau steht. (6) Jean-François Chevrier stellte hierzu treffend fest, daß immer, wenn von der Fotografie in der zeitgenössischen Kunst in Deutschland die Rede ist, vor allem Düsseldorf gemeint sei. (7)

Vom Ruf eines Zentrums der Fotografie war die Stadt vor fünfzig Jahren noch weit entfernt. (8) Denn insgesamt erfuhr in der Zeit nach dem Zweiten Weltkrieg die Fotografie als künstlerisches Medium in Deutschland nur sehr geringe Akzeptanz. Dabei spielte nicht zuletzt die Instrumentalisierung dieser Technik durch die Nationalsozialisten eine entscheidende Rolle. Der propagandistische Mißbrauch der Fotografie zur Zeit des Dritten Reichs bot berechtigten Anlaß für Argwohn gegenüber diesem Medium.

Dessen ungeachtet konnte jedoch die Fotoindustrie in den Nachkriegsjahren einen enormen Aufschwung verzeichnen, der durch den Siegeszug des Farbfilms noch begünstigt wurde. (9) Überhaupt wurde die Fotografie im Nachkriegsdeutschland weniger als künstlerisches Medium wahrgenommen, ihren Boom erlebte sie vielmehr in der massenwirksamen kommerziellen Verbreitung. Man denke in diesem Zusammenhang an den erneuten Aufschwung der illustrierten Massenpresse, die an die Erfolge der Vorkriegszeit anknüpfen konnte. Die brisante weltpolitische Lage der fünfziger und sechziger Jahre brachte es mit sich, daß das fotografische Bild damals ins Zentrum der Nachrichtenübermittlung rückte. Insbesondere die erste weltpolitisch relevante militärische Auseinandersetzung nach 1945, der

Krieg in Vietnam, schürte Ängste vor einem eskalierenden Ost-West-Konflikt und trug zur weiten Verbreitung von Bildreportagen bei. Bis zu 700 Journalisten und Bildreporter aus aller Welt berichteten zeitweilig aus Vietnam. Das fotografische Bild war weit mehr als nur illustrierendes Beiwerk und wurde selbst zu einer Nachricht. (10)
Die zunehmende Konkurrenz durch das Fernsehen beantworteten große Illustrierte wie *Life* damals mit Farbreportagen, Überformaten und Hochglanzseiten, um so die Überlegenheit des fotografischen Bildes gegenüber dem Schwarzweißbild des Fernsehgeräts herauszustellen. (11) Erst mit dem Farbfernsehen, das in Deutschland im August 1967 durch Bundeskanzler Willy Brandt eingeführt wurde, begann die weitflächige Verbreitung dieses Mediums. (12)
Von dieser Zeit an war die Fotografie gewissermaßen ihrer Aufgabe der Bildberichterstattung entledigt. Auch die Werbung wurde zunehmend vom Fernsehen übernommen. (13) Die Folge war ein tiefgreifender Wandel für das Medium. Während in den USA die Fotografie als künstlerisches Medium schon früher Beachtung gefunden hatte und in den siebziger Jahren im Kunstbetrieb einen gleichwertigen Platz neben anderen Gattungen behaupten konnte, stellte sich die Situation in Deutschland gänzlich anders dar. Dies belegt exemplarisch ein Blick in das 1970 erschienene Kunstjahrbuch. (14) Im Vorwort schrieben die Herausgeber, sie beabsichtigen, mit dem Buch eine »informierende und kommentierende Übersicht über die Ereignisse der Saison 1969/70 auf dem Gebiet der bildenden Künste« zu geben. Unter den über einhundert vorgestellten Künstlern waren jedoch nur zwei Fotografen, nämlich Hilla und Bernd Becher.
Zum ersten Mal wurden Fotografie und Film 1972 im Katalog einer »documenta« als eigenständige künstlerische Bildwelten diskutiert. Bei der legendären, von Harald Szeemann kuratierten Kasseler Schau wurden die Arbeiten der Bechers in unmittelbarer Nachbarschaft zu den amerikanischen Minimalisten und der Concept Art präsentiert.
Im folgenden Jahr zeigte der Kunstverein Hannover die Ausstellung »Kunst aus Fotografie«, die im Untertitel die Frage, »was machen Künstler heute mit Fotografie?« aufwarf. Obschon auch hier im Vorwort noch explizit zwischen »Künstler« und »Fotograf« unterschieden wurde, stellten sich die Ausstellungsmacher doch die zeitgemäße Frage, »was nach Pop Art kommt« und welche Rolle der Fotografie dabei zukäme. 1977 war es Uwe M. Schneede, der für den Hamburger Kunstverein unter dem Titel »Sequenzen« die erste wichtige zeitgenössische Foto-Ausstellung im Nachkriegsdeutschland kuratierte. Noch 1979 war das Interesse an Fotografie keineswegs gleichwertig mit demjenigen an anderen Medien. (15) Die Stuttgarter Ausstellung »europa 79«, (16) an der junge Künstler aus ganz Europa teilnahmen, zeigte mit Werken von Helmuth Schweizer nur einen einzigen Fotografen.

Immerhin wurde 1980 zeitgenössische deutsche Fotografie in einer ersten größeren Übersichtsausstellung vorgestellt, die in der Photographer's Gallery in London zu sehen war.
Während in den USA im Umkreis der New Yorker Zeitschrift *October* zu Ende der siebziger Jahre bereits die Diskussion über die »nachmoderne« Fotografie eröffnet wurde, (17) unterschied man in Deutschland noch zwischen zwei wesentlichen Tendenzen, die in zwei Ausstellungen sichtbar wurden, die *Dokumentarfotografie* und die sogenannte *subjektive Fotografie*. Die 1979 von Klaus Honnef konzipierte Schau trug den Titel »In Deutschland. Aspekte gegenwärtiger Dokumentarfotografie«; (18) die andere, von Rolf Wedewer ein Jahr später organisierte hieß »Vorstellungen und Wirklichkeit. 7 Aspekte subjektiver Fotografie«. Während die Bechers damals der »Dokumentarfotografie« zugerechnet wurden, zählte man die Bewegung, die sich seit den fünfziger Jahren von Otto Steinert abgeleitet hatte, zur »subjektiven Fotografie«. (19)

Diese kategorischen Unterscheidungen in Bezug auf die Fotografie verloren in den folgenden Jahren an Bedeutung. Wichtiger wurde vielmehr die geistige Haltung der Fotografen gegenüber dem eigenen Medium. Fotografen wie Henri Cartier-Bresson oder Robert Capa (20) arbeiteten noch allein auf die Druckreproduktion hin und sahen das Originalfoto nicht als eigenständiges Kunstwerk an. Das änderte sich spätestens seit der Etablierung der Fotografie in den achtziger Jahren. Insbesondere die Bechers und die erste Generation ihrer Studenten leiteten aus ihrem künstlerischen Selbstverständnis einen grundsätzlich anderen Werkbegriff ab. Ihnen gilt der Fotoabzug als das *Werk*. Paradoxerweise nimmt die Reproduktion künstlerischer Fotografie heute dennoch einen Stellenwert ein, der größer ist als je zuvor. Ausstellungskataloge und opulente Fotobücher werden in großer Zahl hergestellt und ersetzen die Primärerfahrung der Bilder. Die hohe Druckqualität gibt vor, die Betrachtung der Originale durch Reproduktionen ersetzen zu können und täuscht über den Umstand hinweg, daß ein originales Foto sehr viel mehr Informationen liefern kann, als es die beste Reproduktion vermag. Die exakten Farbwerte und Abstufungen der Schwarzweiß-Kontraste sowie zahlreiche Details können nur in Originalen erkannt werden.
Das Buch ist heute umso mehr für die Rezeption von wesentlicher Bedeutung, da zeitgenössische Fotografen ihre Bilder durch Auflagen limitieren, also ohnehin nur wenige Exemplare eines Motivs existieren. Dem Betrachter wird demnach eine mehrperspektivische Sichtweise abverlangt, weil er im Buch nicht nur das Motiv als solches betrachten kann, sondern versuchen muß, sich anhand der angegebenen Bildgrößen das Motiv im Original vorzustellen.
Zuweilen erinnern die heutigen Bildbände mit ihren durchdachten Bildanordnungen an die Fotobücher der zwanziger Jahre, für die eine argumentative, assoziati-

ve und suggestive Rhetorik bestimmend gewesen ist. (21) Auch heutige Künstler legen die Bildabfolge in den Büchern und Ausstellungskatalogen genauestens fest und stimmen die Bezugnahme der Motive aufeinander ab. Vergleichbar mit der Hängung der Fotos in Ausstellungsräumen werden die Dialoge zwischen den Bildern sorgsam aufeinander abgewogen.

IM LABOR DER BILDER

Hilla und Bernd Becher gelten heute zurecht als Nachfolger von August Sander, Eugène Atget und Albert Renger-Patzsch. Diese Einschätzung gründet vor allem darin, daß die Neusachliche Fotografie, die in Deutschland durch die Jahre 1933-1945 unterbrochen worden war, keine direkte Fortsetzung gefunden hatte. In Sander erkannten die Bechers einen Vorgänger, weil er in seinem *Antlitz der Zeit* mit einer quasi-wissenschaftlichen Methode arbeitete. Sander betrieb ein systematisches Studium der Wirklichkeit und verfolgte einen bildnerischen Ausdruck, der von einem konzeptionellen Denken geprägt war – Merkmale, die auch die Fotografie der Bechers kennzeichnet. Auch zu Eugène Atget gibt es Berührungspunkte. Atgets Paris des ausgehenden 19. Jahrhunderts stand eine unmittelbare und tiefgreifende Veränderung bevor, nämlich der Wandel des noch mittelalterlich geprägten Stadtkerns zu einer modernen Metropole mit begradigten Straßenachsen und repräsentativen Boulevards. Vergleichbar mit Atgets systematischer Erfassung der Stadt vor ihrer massiven Umwälzung verfolgten die Bechers das Ziel, Fabrikanlagen aus der Zeit der ersten industriellen Revolution vor deren Abbruch zu archivieren.

Handwerklich stehen die Bechers in der Tradition der Berufsfotografen, die für Fotoarchive von Unternehmen oder im Auftrag von städtischen Vermessungsämtern Straßen, Häuser, Brücken und Gebäude fotografierten. Stadtarchive und die Werksarchive von Konzernen wie Thyssen, Henkel oder Krupp verfügen über eine Vielzahl solcher Aufnahmen. (22) Auch wenn die Grundhaltung der Bechers eine künstlerische ist, so orientieren sie sich in der technischen Präzision, dem gleichmäßigen Streulicht und den immer weißen, wolkenlosen Himmeln an diesen auf rein sachliche Wiedergabe ausgerichteten Fotografen.

Bernd und Hilla Becher nehmen industrielle Großgeräte auf und lösen ihre Objekte aus ihrem Ursprungskontext. Das systematische Arbeiten an einem Thema steht in einer Tradition der Kunst, die es auch in anderen Gattungen gegeben hatte, man denke beispielsweise in der Bildhauerei an Giacometti. Auch er variierte ein Leben lang verwandte Formen. Diese Arbeitsweise führt zu einer Perfektionierung des eigenen Vorhabens, denn wenn man sich mit einem Gegenstand so gründlich und systematisch auseinandersetzt, wie dies die Bechers stets getan haben und noch immer tun, dann blickt man auf den nächsten zu fotografierenden Gegenstand mit anderen Augen. (23)

Vergleichendes Sehen wird nicht nur vom Betrachter gefordert, denn die Bechers präsentieren ihre Fotos immer in Tableaus, die auf Vergleichbarkeit angelegt sind, sondern die Künstler selbst werden bereits bei der Aufnahme dazu angeregt, das jeweils Verwandte und Unterschiedliche des nächsten Objektes aufzuspüren. Das Künstlerpaar setzt die Fotografie ein, um die Welt zu hinterfragen. (24) Daß sie dabei am Thema *Industrie* festgehalten haben, resultiert in erster Linie aus ihrer Biographie, aber auch aus dem Umstand, daß es ihre Studenten waren, die sich anderen, das Leben betreffenden Themen zugewandt haben. Hierfür habe er »ja seine Schüler gehabt«, hat Bernd Becher einmal zurecht kommentiert. (25)

Bevor 1976 der Lehrstuhl für Fotografie eingerichtet wurde, Bernd Becher die Lehrtätigkeit aufnahm und die systematische und nach strengen Regeln konzipierte Zusammenarbeit mit Hilla Becher nachfolgende Künstlergenerationen entscheidend prägte, gab es in Düsseldorf schon um 1970 ein Klima, in dem die Fotografie einen immer größeren Platz einzunehmen begann. Einzelne Künstlerpersönlichkeiten wie Gerry Schum, der von 1968-1970 eine Fernsehgalerie und von 1970 bis zu seinem Tod im März 1973 eine Videogalerie in der Ratinger Straße betrieben hatte, (26) oder Marcel Broodthaers, der von 1970-1972 am Burgplatz ein Atelier hatte, und andere prominente Künstler wie Joseph Beuys, Andy Warhol, John Baldessari, Bruce Nauman, Gilbert & George, die an den Prospect-Ausstellungen (27) in der 1967 neu errichteten Kunsthalle teilnahmen, oder auch die Künstler der ZERO-Bewegung (28) haben Düsseldorf in dieser Zeit zu internationalem Ansehen verholfen. Die Stadt bildete ein lebendiges Kunstzentrum, wo neben spektakulären Ausstellungen auch engagierte Galeristen wie Konrad Fischer (29) und Alfred Schmela der Gegenwartskunst ein öffentliches und vielbeachtetes Forum boten. Die Staatliche Kunstakademie war dabei stets Kristallisationspunkt des Geschehens. (30)

Düsseldorf war bis in die siebziger Jahre das unbestrittene, auch international renommierte Zentrum der deutschen Kunst. Als die Düsseldorfer Szene 1969 in Luzern und dann 1970 auf den Edinburgher Festspielen unter dem Titel »Strategy: get arts« vorgestellt wurde, schrieb die *Sunday Times*, die Schau ließe »die meisten englischen Künstler provinziell« und die New Yorker Avantgarde »zahm« erscheinen. (31)

Im Bereich der Fotografie näherte sich Düsseldorf in jener Zeit den USA an, denn dort gab es mit Joel Meyerowitz oder Stephen Shore schon in den sechziger Jahren Fotografen, die vom Kunstbetrieb aufmerksam beobachtet wurden. Auch Andy Warhol, den Shore in den Anfangsjahren der »factory« (32) mit der Kamera begleitet hatte, arbeitete bereits seit 1962 mit Fotos, (33) die er als Siebdrucke auf Leinwand ausstellte. Dabei bediente er sich auch des Bildmaterials aus öffentlichen Archiven.

In Deutschland hatte die Fluxus-Bewegung der sechziger Jahre Fotografie exzessiv eingesetzt. Auf diesen Erfahrungen aufbauend arbeiteten dann die Konzeptkünstler. Als herausragender Vertreter gilt hier Klaus Rinke. Er hatte sich selbst ins Zentrum seiner Arbeit gestellt, um bei seinen »Primärdemonstrationen« Raum- und Zeitmessungen vorzunehmen. Seit 1969 setzt er sich intensiv mit Wasser auseinander – ein Thema, das sein gesamtes Œuvre durchzieht und sich auch in seinen Fotografien widerspiegelt.

FOTOGRAFISCHE STILE

In den siebziger und achtziger Jahren, also etwas früher bzw. zeitgleich mit den Fotografen, die bei Becher studiert hatten, wirkten die Künstler der Foto-Performance, einer künstlerisch selbständigen Sparte der Fotoarbeit. Als herausragende Vertreter gelten Anna und Bernhard Johannes Blume, der bei Joseph Beuys studiert hatte, der Kölner Jürgen Klauke und Dieter Appelt aus Berlin. Die Foto-Performance gilt als ein Bereich, in dem die Grenzlinien zwischen fotografierenden Künstlern und Fotografen eliminiert werden. (34)
Die Bandbreite der unterschiedlichen Arbeitsmethoden, Konzepte und künstlerischen Haltungen im Bereich der Fotografie ist extrem vielfältig. Man denke nur an das Frühwerk von Katharina Sieverding, als sie ihre Werke am Fotoautomaten anfertigte (35) – für Künstler, die bei Bernd Becher gelernt haben, eine fast anrüchige Sache –, oder an Lothar Baumgarten, der in oft assoziativer oder verschlüsselter Weise Aspekte eines Geschichts- und Gesellschaftsbewußtseins thematisiert und Fragen zu kulturellen Prägungen und Phänomenen innerhalb eines bestimmten gesellschaftlichen Kontextes aufwirft.
Der jeweils eigene, individuelle Ausdruck und die daraus resultierende Abgrenzung von anderen Positionen macht deutlich, daß die Bezeichnung von Schulen, wie es in Bezug auf Düsseldorf häufig der Fall war, zum Verständnis der Fotografie wenig hilfreich ist.
Gerade weil in Düsseldorf immer mit höchst unterschiedlichen fotografischen Methoden gearbeitet wurde und die dort lebenden Fotografen oft wichtige wegbereitende Anstöße gaben, (36) waren sie umgekehrt auch offen für Anregungen von außen, sei es durch Fotografen, Maler, durch Filme, Cyberkunst, die eigene Biographie oder auch durch politische und gesellschaftliche Ereignisse.

Seit der Zeit um 1970 wuchs die Düsseldorfer Kunstszene kontinuierlich, was vorwiegend mit Joseph Beuys zu tun hatte, der als Professor abgewiesene Akademiebewerber konsequent in seine Klasse aufnahm, was im Ergebnis die unbegrenzte Zulassung von Studierenden an der Kunstakademie bedeutete und schließlich 1972 ein wesentlicher Grund für seine Entlassung war. (37)
Die Klasse von Bernd Becher etablierte sich also in einer Hochphase kunstpolitischen und künstlerischen Lebens in Düsseldorf. Der Fotoklasse traten im Grün-

dungsjahr zunächst Volker Döhne, Candida Höfer, Axel Hütte, Tata Ronkholz und Thomas Struth bei. (38) In den Folgejahren kamen weitere hinzu, von denen die bekanntesten Andreas Gursky, Thomas Ruff, Jörg Sasse und Petra Wunderlich sind. Sie alle sind heute international sehr erfolgreich, ihre Bilder sind in namhaften Sammlungen weltweit vertreten, und sie prägen die Diskussion in der internationalen Fotografie seit einiger Zeit nachhaltig. In den Folgejahren sind mit Laurenz Berges, Elger Esser, Bernhard Fuchs, Claus Goedicke, Simone Nieweg, Nina Schmitz und Daniela Steinfeld weitere erfolgreiche Persönlichkeiten dazugekommen.

Der internationale Erfolg von Fotografen, die an der Düsseldorfer Akademie in den siebziger und achtziger Jahren ausgebildet worden waren, wurde durch den Umstand begünstigt, daß es nach der Pop Art keine internationale Kunstrichtung mehr gegeben hatte, die beim Publikum auf gleich große Resonanz gestoßen wäre. Die Fotografie konnte dieses Vakuum füllen und sich Themen zuwenden, die weder dokumentarisch noch journalistisch waren. Es war fortan möglich, künstlerische Konzepte mittels der Fotografie zu realisieren. Der Ausstellungsbetrieb wie Museen, Galerien, Kunstmessen und Sammler reagierten darauf positiv.

Ein Grund für den Erfolg der Düsseldorfer Fotografie war auch die Entwicklung der Fotos hin zum Großformat. Noch bis in die siebziger Jahre hinein galt als maximales Bildformat meist 30 x 40 cm. Dies änderte sich seit den achtziger Jahren grundlegend. Die nun technisch gegebene Möglichkeit, Farbabzüge mit Seitenlängen von über 180 cm zu realisieren, setzt aber auch die Fähigkeit voraus, zu entscheiden, welches Motiv sich überhaupt als Großfoto eignet und bei welchem ein kleineres Bildformat vorzuziehen ist.

Katharina Sieverding hatte bereits 1975, (39) Klaus Rinke in den achtziger Jahren Schwarzeißfotos im großen Format gezeigt. Thomas Ruff gehörte zu den ersten Künstlern, die seit 1986 farbige Großformate herstellten, ihm folgten kurze Zeit später Andreas Gursky, Axel Hütte und Thomas Struth. (40)

Sie alle zeichnet ein sicheres Gespür im Umgang mit den Bildgrößen aus. Denn nicht jedes Motiv eignet sich als Riesenformat, das von Beginn an für den musealen Kontext konzipiert ist. Thomas Weski weist zurecht darauf hin, daß die Einbeziehung des musealen Ausstellungsraums Markenzeichen dieser Künstler geworden ist. (41) Die großformatigen Fotos, die in massiven Holzrahmen präsentiert werden, beanspruchten seit Ende der achtziger Jahre selbstbewußt einen gleichwertigen Platz neben Gemälden.

Auch bei der Bildgröße hatte die Berufsfotografie zur gesellschaftlichen Anerkennung des Mediums beigetragen, denn großformatige Fotografien, wenn auch in Form von Reproduktionen, waren in der Werbung längst eingesetzt. Sie sind im Stadtraum überall anzutreffen, weshalb Norbert Bolz davon spricht, daß Fotos in der allgemeinen Bilderflut eine ganz spezifische Penetranz eignet. Sie sind ubiquitär und man sieht sie, ohne es zu wollen. (42) Die Fotografien von Künstlern hingegen muß man sehen wollen, denn man muß ja gezielt die Schwelle zum Museum überschreiten. Bezüglich der Motivwahl ist die Kunst der Berufsfotografie überlegen, denn sie kann über funktionalistische Zusammenhänge hinausgehen und eigene Welten beschreiben.

Für Gerhard Richter beispielsweise, der fast ein Vierteljahrhundert lang an der Düsseldorfer Kunstakademie Malerei lehrte, bildete die Fotografie stets einen Bezugspunkt, wie man an seinem *Atlas* ablesen kann. Er sammelte jede Art von Illustrierten und bediente sich der dortigen Bilder. (43) Hierbei ist interessant, daß die eingangs beschriebene massenweise Verbreitung von Fotos durch den Erfolg der Illustrierten also schon früh von Künstlern rezipiert wurde. Richters Auseinandersetzung mit Fotografie erfolgte allerdings immer als Maler und beinhaltet eine bisweilen fotografiekritische Tendenz. (44)

Auch Thomas Struth hat bereits als Jugendlicher Zeitschriftenabbildungen gesammelt. Sein Fundus war das Nachrichtenmagazin *Der Spiegel*, dem er Aufnahmen von Architekturen und Straßen entnahm und in Büchern zusammenstellte. (45) Dieses systematische Sammeln führte ihn konsequenterweise in die Klasse von Bernd Becher, nachdem er anfangs bei Gerhard Richter Malerei studiert und schon in dieser Zeit Menschen im städtischen Umraum fotografiert hatte. (46)

Die Beschäftigung mit dem Zeitungsbild findet sich auch im Werk von Thomas Ruff, der um 1990/91 gerasterte Zeitungsbilder vergrößerte und in umfangreichen Mengen präsentierte. Ein ähnliches Verfahren hatte vor ihm schon Sigmar Polke angewandt. (47) Während bei Polke der ursprüngliche Anlaß, die Rasterung als Stilmittel einzusetzen, auf seine Erfahrung mit einer angeborenen Sehschwäche zurückgeht, (48) ist es bei Ruff die Auseinandersetzung mit dem Medienbild, die seine gesamte Arbeit durchdringt. Anders als bei Polke, wo die Rasterung bisweilen an den Rand der Erkennbarkeit des eigentlichen Bildmotivs gebracht ist, bewegt sie sich bei Ruffs Zeitungsbildern immer auf der Rezeptionsstufe einer durch die Tagespresse gefilterten Abbildung. (49)

Einer Anregung aus den Medien verdankt sich auch Ruffs Serie der Nachtaufnahmen, die zwischen 1992 und 1995 entstanden sind. Sie gehen auf Fernsehbilder zurück, die im Zusammenhang mit den Kampfhandlungen im Golfkrieg 1991 mit Hilfe von Nachtsichtgeräten aufgenommen worden waren und in Nachrichtensendungen ausgestrahlt wurden.

Lange vor Thomas Ruff hat sich Klaus Mettig mit dem Fernsehbild auseinandergesetzt. Auf der »documenta VII« im Jahr 1982 präsentierte er 2500 Fotos als Wandinstallation, eine Auswahl aus mehreren tausend um 1980 abfotografierten Fernsehbildern. (50) Sämtliche Motive beinhalten Nachrichtenausschnitte oder zeigen Protagonisten der Weltpolitik, etwa Ronald Reagan, Margaret Thatcher oder Leonid Breschnew. (51) Auch bestimmte kulturelle Zitate aus Spielfilmen oder von

Künstlern wie Joseph Beuys oder Andy Warhol sind zu finden sowie Bilder von Katastrophen und Kriegen. (52) Es entstand ein riesiges medienkritisches Panorama, das er »o.T.« nannte.(53)

FILM UND FOTOGRAFIE

Nicht zuletzt der starke Erfolg des Kinofilms trug dazu bei, daß das Publikum für das fotografische Bild sensibilisiert wurde. (54) In den letzten 25 Jahren war der Einfluß des Films auf die bildende Kunst, insbesondere auf die Fotografie enorm, (55) wie beispielhaft die *Film Stills* von Cindy Sherman zeigen, die seit den späten siebziger Jahren entstanden und von Filmen der fünfziger Jahre angeregt waren.

Die Bildwelten von Alfred Hitchcock haben beispielsweise Andreas Gursky und Thomas Ruff inspiriert. (56) Thomas Struths scheinbar unendlich sich ausdehnende amerikanische Landschaften erinnern an frühe Filme von Wim Wenders wie *Paris, Texas*. (57) Auch Gurskys weite Ausblicke von erhöhten Standpunkten tragen Züge solcher Filmbilder. Freilich war der Einfluß des Films auf amerikanische Fotografen wie Stephen Shore, Joel Meyerowitz oder Ed Ruscha mindestens ebenso stark.

Filmbilder wirken oft unbewußt und folglich indirekt auf Künstler wie auf Betrachter. Die Stimmung in Schwarzweißfilmen von Fellini ist der Atmosphäre in den frühen Straßenbildern bei Thomas Struth durchaus verwandt. In diesem Zusammenhang ist nicht unbedeutend, daß Candida Höfer an der Düsseldorfer Akademie zunächst Film bei Ole John studierte hatte, bevor sie in die Fotoklasse zu Bernd Becher wechselte. Ihre frühen Straßenaufnahmen aus Liverpool von 1968 machen dies anschaulich. (58)

Der Film war auch für Katharina Sieverding wichtig, die zu Ende der sechziger Jahre selbst Filme gedreht hatte. (59) Filmähnliche Sequenzen bilden das Gerüst ihrer frühen Fotoinstallationen wie des 1967-1969 entstandenen 210-teiligen Fotoblocks *Eigenbewegung*, Sieverdings künstlerisches Statement und dokumentarischer Beitrag zum Geschehen im Umfeld der Ereignisse an der Düsseldorfer Akademie. 1997 erklärte die Künstlerin dazu: »Ich hasse eigentlich Fotografie und setze sie nur ein, um Bilder zu erzeugen, die mit etwas umgehen, was man authentisch, was man Abbild nennt.« Es gehe, so fährt sie fort, um Bilder, die mit tatsächlich stattgefundenen Ereignissen zu tun haben könnten. (60) Noch expliziter setzte sie sich in der Arbeit *Motorkamera* von 1973/74 mit dem Film auseinander. Es handelt sich um ein großes Tableau von Szenen eines tanzenden Paares. Bei den Aufnahmen ist kein Fotograf anwesend, denn die Bilder wurden mittels Hand- und Fußauslöser von einer automatischen Kamera aufgenommen. (61)

Nicht direkt filmisch geht Hans-Peter Feldmann bei seinen Künstlerbüchern vor, aber er setzt Sequenzen als Stilprinzip ein. Wie er hatte bereits Ed Ruscha (62) das

Hintereinander von Buchabbildungen dazu genutzt, aus den so gewonnenen Vergleichsmöglichkeiten Erkenntnisse zu ziehen. (63) Dieses Verfahren wiederum ist den zu Typologien zusammengestellten Tableaus von Bernd und Hilla Becher verwandt.

Feldmanns Ansatz ist insofern bemerkenswert, als er sich der Vorgehensweise der Amateurfotografie bedient. In der Ausstellung beispielsweise ist er mit einer Gruppe von Bildern vertreten, die er aus Hotelfenstern auf Reisen an zahlreichen Orten gemacht hat. Durch die Fülle der gezeigten Fotos wird man unwillkürlich zum Vergleich angeregt.

DAS VORGEFUNDENE BILD

Auch vorgefundenes Bildmaterial dient Künstlern als Ausgangsbasis, um unter Zuhilfenahme des Computers *Bilder* zu erzeugen, die als Konstrukte auf unterschiedlichen technologischen Zielsetzungen basieren. Zu ihnen zählen Sasse, Ruff, aber auch Evers, die ihre Bilder aus Filmen abfotografiert und anschließend bemalt. Den Werken dieser Künstler liegt die Vision einer Fotografie zugrunde, die nicht von Wirklichkeit ausgeht, sondern mittels verschiedener Methoden und Techniken ihre eigene Wirklichkeit schafft. (64)

Vergleichbar mit diesen Künstlern, denen das vorgefundene Bild als Mittel dient, um die eigene künstlerische Idee umzusetzen, hat sich Mischa Kuball in seiner fotografischen Arbeit explizit mit Reproduktionen nach Kunstwerken der frühen Avantgarde auseinandergesetzt. Kuball fotografiert Ausschnitte von Reproduktionen nach Gemälden von El Lissitzky, Malewitsch oder Rodtschenko ab. Das vergrößerte Foto faßt er mit einem breiten schwarzen Rand ein. Dies weckt die Assoziation an das berühmte *Schwarze Quadrat* von Malewitsch, mit dem dieser 1915 den Endpunkt der Malerei verkündet hatte. Gleichzeitig wird man durch die auffällige schwarze Einfassung an das Diapositiv oder das Ektachrom erinnert.

Indessen begibt sich auch Kuball mit dieser Art von Bildern bewußt in die Nähe der Berufsfotografie, ist doch die Reproduktion von Kunstwerken seit dem 19. Jahrhundert ein Arbeitsfeld der Fotografen. (65) In diesem Punkt berührt sich seine Methode mit der von Bernd und Hilla Becher, wenngleich jeweils höchst unterschiedliche Intentionen zugrundeliegen. Gemeinsam ist ihnen aber die Vorgehensweise von Berufsfotografen und die radikale Konzentration auf ein Zentralmotiv und dessen Herauslösung aus seinem ursprünglichen Kontext.

Neben seinem fotografischen Werk setzt Mischa Kuball das Licht in allen denkbaren Erscheinungsformen ein. (66) Das Spannungsverhältnis zwischen Licht, Raum und Betrachter war seit Beginn des 20. Jahrhunderts ein zentrales Thema von Werken, die für die Kunst der Gegenwart wichtige Akzente setzten. Einen Höhepunkt erfuhr die Auseinandersetzung mit der Präsentation des *Licht-Raum-Modulators* im Jahr 1930, den Laszlo-Moholy-Nagy am Bauhaus entwickelt hatte. In Düsseldorf formierte sich Ende der fünfziger Jahre die Gruppe ZERO, deren Protagonisten Uecker, Mack und Piene sich ebenfalls mit Licht beschäftigten, wie der berühmt gewordene *kinetische Lichtraum* auf der »documenta III« (1964) belegt. Kuball, der in seiner in Düsseldorf verlebten Jugendzeit sehr früh mit ZERO in Berührung gekommen war, ließ sich von den Werken dieser Künstler anregen. (67)

DAS POLITISCHE

In der Düsseldorfer Kunst gab es stets ein großes Interesse an aktueller Politik. Die politisch lebendige Zeit an der Kunstakademie um 1970 und die Aktivitäten von Joseph Beuys in jenen Jahren sind hierfür bezeichnend. Katharina Sieverding, die bei Beuys studiert hatte, stellt sich gesellschaftlich und politisch relevanten Fragen. Ihr in diesem Zusammenhang umstrittenstes Werk ist *Deutschland wird deutscher*, das sie 1993 als Plakat an 500 öffentlichen Flächen in Berlin zeigte. Der Titel spielt zum einen auf die Wiedervereinigung an, in der sie die bloße Addition zweier Staaten sah, zum anderen auf die gewalttätigen Übergriffe auf Ausländer zu Beginn der neunziger Jahre. (68) In ihrer für diese Ausstellung eigens angefertigten Arbeit reflektiert sie die Folgen der Terroranschläge des 11. September 2001 in New York und Washington.

Den Krieg in Afghanistan, der im Herbst 2001 als Folge dieser Terroranschläge begann, thematisiert Klaus Mettig in einer vierteiligen Arbeit. Bereits in den siebziger Jahren, als der Ost-West-Konflikt die Weltpolitik dominierte, hatte er nach ausgedehnten Aufenthalten in der ehemaligen UdSSR, China und USA Filme, vielteilige Fotoarbeiten und Diaprojektionen angefertigt und durch den Dialog zwischen den Bildern unerwartete Perspektiven evoziert. (69) Mettigs neue Arbeit folgt demselben Verfahren, nur daß er sich hier erneut mit dem über das Fernsehen vermittelten Bild beschäftigt. Markant ist etwa die Aufnahme eines Gebirgszuges, der ohne den Kontext der anderen Motive keine besondere Bedeutung hätte. Erst im Zusammenhang mit dem Bild der zerstörten Stadt sowie einer Ansammlung von turbantragenden Männern wird unser vom Fernsehen geprägtes kollektives Gedächtnis angesprochen und man denkt an Kampfhandlungen, die in solchen Bergen derzeit stattfinden.

Kunst erweist sich hier einmal mehr als gesellschaftliches Feld, das nicht im Sinne einer Frage nach Nutzen definiert ist. Auch Aktionen wie die von Klaus Rinke, der in den siebziger Jahren wiederholt verbrauchtes Rheinwasser schöpfte, mögen nicht explizit politisch gemeint gewesen sein, aber sie lösten vielschichtige Diskussionen aus und hatten damit politische Implikationen.

DAS GESELLSCHAFTLICHE

Einen möglichst breiten Kulturbegriff und Aufgeschlossenheit für gesellschaftlich bedeutende Fragen forderten Hilla und Bernd Becher nicht nur von ihren Studenten, er bildet auch das intellektuelle Fundament ihrer eigenen Arbeit. Die industriellen Großgeräte, die sie wie in einer industriearchäologischen Bestandsaufnahme seit 1959 fotografieren, sind ein kulturell relevantes Thema, denn diese technischen Bauten prägten im Ruhrgebiet die Lebenswelt einer ganzen Region und standen jahrzehntelang für wirtschaftliche Stärke und Fortschritt. Ihr Abbau bedeutete gravierende gesellschaftliche Umbrüche.

Thomas Struths Straßenbilder gehen der soziologischen Fragestellung nach, auf welch unterschiedliche Weise sich die Menschen in den Städten der Welt ihren Lebensraum schaffen. (70) Auch seine weltweit aufgenommenen Familienportraits sind in diesem global geprägten Kontext zu sehen. Axel Hütte wiederum hinterfragt die ästhetischen Grundlagen der Kommunikation durch Bilder. Der Prozeß der Bildfindung aufgrund eines subjektiven Auswahlprinzips ist zentrales Thema seiner Arbeit. Als er 1982-1984 in London Aufnahmen von Stadtrandgebieten fertigte, beschäftigte er sich intensiv mit gesellschaftlich intendierten Fragen. Seine Fotos unspektakulärer, menschenleerer Hausflure und Berliner U-Bahnhöfe spiegeln Durchgangsbereiche des urbanen Lebens.

Menschenleere Innenräume fotografiert auch Candida Höfer. Ihr Thema sind halböffentliche Gebäude wie Bibliotheken, Theater oder Behörden, wobei sie ihren Blick gerne mit stiller Ironie auf auffällige Raumsituationen ausrichtet.

Ein starkes Interesse an Populärkultur zeigt Andreas Gursky mit seinen Aufnahmen großer Popkonzerte, etwa von Madonna oder den Toten Hosen. Der Versuch, sich durch möglichst individuelles Aussehen, das sich die tanzenden Jugendlichen geben, von der Masse abzusetzen, wird paradoxerweise von der Unübersichtlichkeit der Menge konterkariert, in die sich jeder einzelne jubelnd einfügt. Ohne zu werten geht es Gursky hier, wie auch in *Union Rave* (1995) oder *May Day III* (1998), um gesellschaftliche Phänomene der Jugendkultur.

Auch Thomas Ruff und Dunja Evers wenden sich in ihrer Auseinandersetzung mit pornografischem Material aus dem Internet (Ruff) oder aus Filmen (Evers) einer soziologisch brisanten Frage zu. (71) Dabei haben beide jedoch höchst unterschiedliche Ansätze. Während Ruff die Bilder dem Internet entnimmt und deshalb nur digitale Daten und keine Negative von den Motiven existieren, fotografiert Evers sie aus laufenden Filmen in eher traditioneller Weise und bemalt sie anschließend mit Eiweißlasurfarbe. Die Frage nach der Körperlichkeit der zugrundeliegenden Motive ist indessen für beide relevant, nicht jedoch die Frage nach den Personen und Geschichten hinter diesen Bildern. Die Dekontextualisierung, die Fotografie immer leistet, stellt sich im Falle der pornografischen Bilder in zugespitzter Form, weil ein Verständnis inhaltlicher Zusammenhänge nicht notwendig ist.

Ruff reagiert mit seiner Arbeit auch auf die mittlerweile selbstverständliche Präsenz des Internet als Kommunikationsplattform. Hier berührt sich sein Werk mit dem von Jörg Sasse, der seine Bilder ins Internet stellt und sie jedem Nutzer zugänglich macht. (72) Derart globales Denken manifestiert sich schließlich, wie bereits erwähnt, auch im politischen Ansatz von Katharina Sieverding oder Klaus

Mettig, aber auch in der auf Internationalität basierenden Haltung, wie sie von Feldmann, Hütte, Struth, Gursky oder den Bechers vertreten wird.
In diesem Zusammenhang ist auch Beat Streuli zu sehen, der seinerseits eine seit Bestehen des Mediums gängige Tradition fortführt, indem er auf der Suche nach Motiven alle Kontinente bereist. Er nimmt weltweit Menschen in Großstädten auf und löst sie aus dem urbanen Kontext. (73) Seine Kunst ist getragen vom Interesse an Personen und von der Frage, was sie bewegt, und spiegelt die zahllosen psychologischen Zustände und sozialen Vernetzungen. (74) Mit seinen Aufnahmen in internationalen Metropolen erstellt er Portraits globaler Gesellschaften, taucht sozusagen in die Menschenmenge ein, wahrt aber gleichzeitig mittels des Teleobjektivs Distanz.

Im Gegensatz hierzu steht die an die Tradition der Malerei implizit anknüpfende Arbeit von Christopher Muller, der seine Stilleben im Studio arrangiert und Formen, Farben und inhaltliche Momente seiner Objekte sorgfältig aufeinander abstimmt. (75) Eine ähnlich akribische Vorgehensweise ist auch bei Jörg Sasse, Dunja Evers oder Thomas Ruff zu finden, die am Rechner (Sasse und Ruff) oder im Studio (Ruff und Evers) Bilder komponieren.
Mullers Objekten haftet nicht zuletzt durch die Aufreihung etwas Skulpturales an, und so erscheinen die Gegenstände häufig wie Kleinskulpturen.
In diesem Zusammenhang sei abschließend daran erinnert, daß auch Klaus Rinkes Werk einen skulpturalen Ansatz hat. Die enge Vernetzung der verschiedensten künstlerischen Medien, derer sich die Fotografie als Ausdrucksmittel bedient, wird bei ihm besonders evident. Als Gegenpol zu den Fotos von Wasserflächen, die für den Ursprung allen Lebens stehen, zeigt er deshalb in der Ausstellung ein Todessymbol: einen schwarzen Granitblock, der den Titel *Dunkelkammer* trägt, da in seinem Inneren 365 Blatt unbelichteten Fotopapiers eingelassen sind. Eine großformatige Aufnahme, die den Künstler selbst schemenartig zeigt, unterstützt die Assoziation an den Tod. (76) Auch das Werk der Bechers beinhaltet einen skulpturalen Ansatz, wie der Titel ihres ersten Buches *Anonyme Skulpturen* und die Verleihung des Goldenen Löwen für Skulptur auf der Biennale in Venedig 1990 zeigte.

Die Auswahl der Künstler für diese Ausstellung macht deutlich, daß es in Düsseldorf seit den sechziger Jahren eine Vielzahl wichtiger fotografischer Positionen gibt, die sich parallel und unabhängig voneinander entwickelt haben. Auch wenn die Fotoklasse an der Akademie der Entwicklung der Fotografie im gesamten Deutschland einen enormen Schub gegeben hat, so sind andere internationale Persönlichkeiten und diskussionsbestimmende Positionen ebenfalls in Düsseldorf vertreten.

Unsere Ausstellung versteht sich als Beitrag zur Diskussion über das Phänomen der Düsseldorfer Fotografie und als »work in progress«. Der im unmittelbaren Anschluß folgende zweite Teil soll helfen, weitere Aspekte dieses Phänomens aufzuzeigen. Es läßt sich feststellen, daß alle vorgestellten Künstlerinnen und Künstler nicht am Abbild einer vorgefundenen Realität, sondern an künstlerischen Bildlösungen interessiert sind. Somit verbindet alle der Anspruch, ihre jeweils eigene, individuelle Bildwelt zu konstruieren.

(1) Agfa Foto Historama und Museum Ludwig
(2) Die Fachmesse *photokina* wurde 1950, die Deutsche Gesellschaft für Photographie (DGPH) 1951 gegründet.
(3) Die von Ute Eskildsen geleitete Fotografische Sammlung zeigt ein vielbeachtetes, internationales, zeitgenössisches Ausstellungsprogramm.
(4) z.B. Lothar Baumgarten, der in New York lebt
(5) Bei den in dieser Ausstellung vertretenen Künstlern sind dies insbesondere Beat Streuli, Christopher Muller und Dunja Evers. Keiner von ihnen hatte an der Düsseldorfer Akademie studiert. Beat Streuli kam nach Düsseldorf, nachdem er in Zürich, Basel und Berlin studiert hatte, Christopher Muller studierte in London und wechselte 1993 nach Düsseldorf, wo er kurze Zeit als Gasthörer an der Akademie eingeschrieben war. Dunja Evers hatte in Wien an der Hochschule der Künste zunächst Malerei studiert, bevor sie zur Fotografie wechselte. Sie ist 1995 von Berlin, wo sie mehrere Jahre lebte, nach Düsseldorf umgezogen.
(6) Vgl. hierzu verschiedene Beiträge, die anläßlich der großen Retrospektive von Andreas Gursky im Museum of Modern Art, New York, im Jahr 2001 erschienen sind und die die Bedeutung Düsseldorfs als Zentrum der Fotografie beleuchten: Calvin Thomkins, »The Big picture. What do Andreas Gursky's monumental photographs say about art?« in: *The New Yorker*, January 22, 2001, S. 62-71, hier S. 69, Peter Galassi, »Gurskys Welt«, in: Ausst.Kat. *Andreas Gursky*, Museum of Modern Art, New York 2001, S. 9-43, ebenso Ulrike Knöfel, »Himmlischer Blick aufs Huhn«, in: *Der Spiegel*, 19.2.2001 und Verena Leuken, »Und dann und wann ein kleiner Mensch«, in: *Frankfurter Allgemeine Zeitung*, 10.3.2001, S. 41.
(7) Jean-François Chevrier, »Zwischen den bildende Künsten und den Medien. Das deutsche Beispiel«, in: *Fotografie in der Deutschen Gegenwartskunst.* Textband des Symposiums »Photography in Contemporary German Art: 1960 to the Present« anläßlich der gleichnamigen Ausstellung im Walker Art Center in Minneapolis im Februar 1992, deutsche Ausgabe hg. vom Museum für Gegenwartskunst Basel 1994, S. 26-64, hier S. 26. Bereits vorher hatte Jean-François Chevrier die Städte Düsseldorf, Paris und Vancouver als die großen Zentren der Fotografie vorgestellt. Vgl. Jean-François Chevrier, »Die Abenteuer der Tableau-Form in der Geschichte der Photographie«, in: *Photo-Kunst. Arbeiten aus 150 Jahren*, Ausst.Kat. Staatsgalerie Stuttgart 1989, S. 9-45, hier S. 41.
(8) Zur Entwicklung der Düsseldorfer Nachkriegsfotografie vgl. Helga Meister, *Fotografie in Düsseldorf. Die Szene im Profil*, Düsseldorf 1991, ebenso Peter Galassi, wie Anmerkung 6, S. 9-43, hier besonders S. 9-14. Hierzu ebenfalls Rupert Pfab, *Studien zur Düsseldorfer Photographie*, Diss. FU Berlin 1999, Weimar 2001.
(9) Die Firmen Agfa und Kodak hatten bereits 1936 Farbfilme angeboten. Vgl. hierzu Felix Freier, *Du Mont's Lexikon der Fotografie*, 1992, S. 104.
(10) Vgl. Ausst.Kat. Museum Ludwig, Köln 2001, zit. nach www.museenköln.de/agfa/index.html, S. 6 und S. 12.
(11) Vgl. Petr Tausk, »Der Bildjournalismus seit der Ausstellung ›The Family of Man‹, Live-Fotografie nach 1955«, in: ders., *Die Geschichte der Fotografie im 20. Jahrhundert. Von der Kunstfotografie bis zum Bildjournalismus* (1977) 2. überarbeitete und aktualisierte Fassung, Köln 1980, S. 204-219.
(12) Willy Brandt schaltete 1967 auf der Internationalen Funkausstellung in Berlin in einem Festakt das Farbfernsehen in Deutschland per Knopfdruck zu. Ein Jahr später verfügten mehr als 80% der westdeutschen Haushalte über ein Fernsehgerät. Nachrichten und Informationen wurden nun flächendeckend in bewegten Bildern verbreitet.
(13) Vgl. hierzu auch die Ausführungen von Hilla Becher in: »Seine Bilder haben etwas von einer ersten Begegnung«, in: Heinz Liesbrock (Hg.), *Stephen Shore, Fotografien 1973 bis 1993*, Ausst.Kat. Westfälischer Kunstverein Münster 1994, S. 29.
(14) Vorwort *Kunstjahrbuch* Bd.1, hg. von Jürgen Harten, Manfred de la Motte, Karl Ruhrberg, Wieland Schmied, Hannover 1970.
(15) Vgl. hierzu ebenso Ute Eskildsen, »Technik, Bild, Funktion. Recherche und Reflexion fotografischer Darstellungsmodelle im Werk von Thomas Ruff«, in: *Thomas Ruff, Fotografien 1979-heute*, Ausst.Kat. Kunsthalle Baden-Baden 2001, S. 161-167, hier S. 163.
(16) Junge Galeristen aus ganz Europa konnten Künstler vorschlagen, deren Werke einem breiteren Publikum bis dahin unbekannt waren. Eine Jury wählte dann die Exponate aus.
Die Ausstellung wurde in Stuttgart an mehreren Orten gezeigt. Vgl. *Kunstforum International*, Bd.36, 6/1979 S. 27ff. Dieser Zeitschriftenband hat den Rang eines Kataloges und gibt einen ausführlichen Überblick über die Ausstellung.
(17) Ute Eskildsen, »Die Realitäten der Bilder«, in: *Die Wahrheit des Sichtbaren. Edward Hopper und die Photographie*, Museum Folkwang Essen, Impressions Gallery of Photography, York 1986 S. 4-7, hier S. 5
(18) *In Deutschland. Aspekte gegenwärtiger Dokumentarfotografie*, Ausst.Kat. Rheinisches Landesmuseum Bonn 1979
(19) Diese sei, so schrieb Steinert »vermenschlichte, individualisierte Fotografie«. Diese bedeute, »Handhabung der Kamera, um den Einzelobjekten ihrem Wesen entsprechende Bildsichten abzugewinnen.« Vgl. Otto Steinert, *Subjektive Fotografie*, Bonn 1952, S. 6, vgl. auch Martin, Rupert: »Neue deutsche Photographie«, in: *European Photography*, Heft 5, 1980, S. 4-11.
(20) Cartier-Bresson und Robert Capa gründeten 1947 die Fotoagentur »Magnum Photos«.
(21) Hannes Bergius, »Die neue visuelle Realität. Das Fotobuch der 20er Jahre«, in: *Deutsche Photographie. Macht eines Mediums, 1870-1970*, Ausst.Kat. Kunst- und Ausstellungshalle der Bundesrepublik Deutschland, Bonn 1997, S. 88
(22) Eine umfassende Aufarbeitung des großen Gebiets der Werksarchive im Raum Düsseldorf leisteten Gerolf und Ilsabe Schülke in ihrem Band *Düsseldorf und seine Fotografie. Bericht für das Kulturdezernat*, Düsseldorf 1994 sowie in zahlreichen Ausstellungen im Kulturbahnhof Eller, Düsseldorf.
(23) Persönliche Mitteilung Bernd Bechers am 12. Oktober 2001 in Düsseldorf-Kaiserswerth.
(24) Thomas Ruff über die Bechers. Vgl.

Gerhard Mack, »Die Wahrheit suchen mit der Bildmaschine«, in: *Art. Das Kunstmagazin*, Nr. 11, November 2000, S. 52-61, hier S. 60

(25) Bernd Becher wird in der *Frankfurter Allgemeinen Zeitung* auf die Frage, ob er sich durch das eigene strenge künstlerische Konzept versagt habe, auch andere Bilder zu machen, zitiert, er habe gerade »dafür [...] ja seine Schüler gehabt.« Vgl. Georg Imdahl, »Antlitz der Industriebauten«, in: *Frankfurter Allgemeine Zeitung*, 20.8.2001, S. 47.

(26) Schum arbeitete im Rahmen seiner Fernseh-und Videogalerie u.a. mit den Künstlern Reiner Ruthenbeck, Bruce Nauman, Jan Dibbets, Richard Long, Robert Smithson, Klaus Rinke, Lawrence Weiner, Hamish Fulton, Alighiero Boetti und John Baldessari zusammen. Der Galerist Konrad Fischer, den mit Gerry Schum zeitweise eine enge Freundschaft verbunden hatte, unterstützte ihn. Ein Großteil der von Fischer vertretenen Künstler arbeitete auch mit Gerry Schum zusammen. Vgl. hierzu ausführlich Christiane Fricke, *Dies alles Herzchen wird einmal Dir gehören. Die Fernsehgalerie Gerry Schum 1968-1970 und die Produktion der Videogalerie Schum 1970-73*, Frankfurt/M. 1996, S. 397ff.

(27) »Prospect 69. Internationale Vorschau auf die Kunst in den Galerien der Avantgarde«, die von Konrad Fischer konzipiert wurde, zeigte u.a. Bernd und Hilla Becher, Hanne Darboven, Jan Dibbets, Sol Lewitt, Richard Long, Reiner Ruthenbeck. Ihr folgte »Prospect 71. Projection. Filme, Video, Diaserien, Fotoprojekte« von 76 Künstlern, darunter so namhafte wie John Baldessari, Joseph Beuys, Christian Boltanski, Marcel Broodthaers, Gilbert & George, Mario Merz, Bruce Nauman, Gerhard Richter, Klaus Rinke, Andy Warhol, William Wegman, kuratiert von Konrad Fischer, Jürgen Harten, Hans Strelow und »Prospect 73« mit dem Schwerpunkt Malerei. Kuratoren wie bei »Prospect 71« und Evelyn Weiß. Vgl. hierzu ausführlich: *25 Jahre Kunsthalle Düsseldorf*, hg. von der Städtischen Kunsthalle Düsseldorf 1992.

(28) ZERO gehörten Günther Uecker, Heinz Mack und Otto Piene an. Vgl. hierzu ausführlich Karl Ruhrberg, »Aufstand und Einverständnis, Düsseldorf in den sechziger Jahren«, in: Klaus Schrenk (Hg.), *Aufbrüche. Manifeste. Manifestationen. Positionen in der bildenden Kunst zu Beginn der sechziger Jahre in Berlin, Düsseldorf und München*, Ausst.Kat. Städtische Kunsthalle Düsseldorf 1984, S. 86-97.

(29) Konrad Fischer eröffnete in der Neubrückstraße in der Düsseldorfer Altstadt eine Galerie mit der Ausstellung »Carl Andre«. Fischer vertrat die in Europa noch weitgehend unbekannten Künstler der Minimal Art, Land Art und Concept Art.

(30) Hierbei ist zu bedenken, daß die Kunstakademie noch zu Ende der fünfziger Jahre keineswegs die avantgardistische Keimzelle war, zu der sie wenige Jahre später werden sollte. Vgl. hierzu ausführlich Peter Galassi, dem auch der Hinweis auf *Die Blechtrommel* von Günther Grass zu verdanken ist, wo er 1959 die Akademie als verschlafene Kunstschule beschreibt. Peter Galassi, wie Anmerkung 6, S. 10.

(31) zit. nach Karl Ruhrberg, »Kunst nach der Jahrhundertmitte«, in: ders. (Hg.) 1996, S. 12

(32) Vgl. hierzu ausführlich *Andy Warhol Photography*, Ausst.Kat. Hamburger Kunsthalle 1998, S. 320-327.

(33) Andy Warhol studierte zwischen 1945 und 1949 grafische Gestaltung am Pittsburgher Carnegie Institute of Technology. Vgl. hierzu ausführlich »Andy Grundberg, Kunst und Fotografie, Fotografie und Kunst: Über die modernistische Membran«, in: Elizabeth Janus (Hg.) *Die Rache der Veronika. Aktuelle Perspektiven der zeitgenössischen Fotografie. Die Fotosammlung Lambert*, Ausst.Kat. Deichtorhallen Hamburg 1998, 1998, S. 43-52, hier S. 43

(34) Reinhold Mißelbeck, *Kontinuität und Widerspruch. Photographie in der deutschen Gegenwartskunst*, Ausst.Kat. Museum Ludwig Köln 1993, S. 13-23, hier S. 22

(35) Vgl. hierzu Gespräch zw. Barbara Wally und Katharina Sieverding, in: *Katharina Sieverding, Weltlinie 1998*, Ausst.Kat. Residenzgalerie Salzburg 1998, S. 14-47, hier S. 17

(36) Vgl. hierzu die Ausführungen des prominenten Magnum-Fotografen Martin Parr im Interview mit Sascha Lenhartz, in: *Die Welt*, 11. September 2000

(37) Stephan von Wiese, »Von der Schwierigkeit bei der Beschreibung einer Szene. Düsseldorf zwischen 1945 und 1985, mit Rückblick 1995«, in: *Düsseldorfer Avantgarden. Persönlichkeiten, Bewegungen, Orte*, hg. von der Arbeitsgemeinschaft »Düsseldorfer Avantgarden«, Düsseldorf 1995, S. 15-27, hier S. 25

(38) Helga Meister, »Bernd und Hilla Becher: Die Anfänge, die Schüler«, in: wie Anmerkung 37, S. 46-49, hier S. 48

(39) Die ersten Großfotos zeigte Katharina Sieverding 1975 in der Kunsthalle Düsseldorf.

(40) Seit 1989 präsentieren Ruff, Struth, Hütte und Gursky ihre neuen Bilder in großen Formaten, im Diasec face-Verfahren aufgezogen und in vergleichbarer Weise gerahmt. Vgl. hierzu Peter Galassi, wie Anmerkung 6, S. 27.

(41) Thomas Weski im Messekatalog *Paris Photo 2001*. Ebenso abgedruckt im zugehörigen Begleitheft zur *Paris Photo 2001*, S. 16/17. Auch die Bechers hatten mittels Diaprojektionen größere Bildformate ausprobiert, doch sie merkten, daß für ihre Arbeiten das kleine Format überzeugender ist. Persönliche Mitteilung Bernd Bechers am 12. Oktober 2001 in Düsseldorf-Kaiserswerth.

(42) Norbert Bolz, »Das große stille Bild im Medienverbund«, in: ders. und Ulrich Rüffer (Hg.), *Das große stille Bild*, München 1996, S. 18

(43) Vgl. Ingrid Misterek-Plagge, *Kunst mit Fotografie und die frühen Fotogemälde Gerhard Richters*, Münster 1990, S. 144. Richters *Atlas* enthält neben selbst geschossenen Fotos solche aus Illustrierten.

(44) Vgl. hierzu den noch unpublizierten Aufsatz von Stefan Gronert, »Die Bildlichkeit des Abbildes: Die mediale Reflexion der Fotografie bei Gerhard Richter und Jeff Wall.«

(45) Auf dem Akademierundgang 1975, als er noch in der Klasse von Gerhard Richter studierte, zeigte Struth Tableaus dieser Bilder.

(46) Diese frühen Bilder von Thomas Struth sind unpubliziert. Er zeigte sie zu einem Vortrag in der Kunstakademie Düsseldorf am 12. Dezember 2001.

(47) Polke bediente sich oftmals eines komplizierten, manuellen Übertra-

gungsverfahrens unter Zuhilfenahme eines Epidiaskops oder Diaprojektors, um alle Partikel der gerasterten Vorlage ins Bild zu setzen. Vgl. hierzu ausführlich Ingrid Misterek-Plagge, wie Anmerkung 43, S. 110.

(48) Sigmar Polke schildert 1976 im Ausstellungskatalog der Kunsthalle Düsseldorf, daß er beim Betrachten von Zeitschriftenabbildungen »immer nur viele kleine tote schwarze Punkte« sah. Ausst.Kat. *Sigmar Polke. Bilder, Tücher, Objekte. Werkauswahl 1962-1971*, S. 127.

(49) Vgl. hierzu ausführlich Valeria Liebermann, »Kommentiertes Werkverzeichnis aller Werke seit 1979«, in: *Thomas Ruff, Fotografien 1979-heute*, Ausstkat. Kunsthalle Baden-Baden 2001, S. 176-251, hier S. 201

(50) Er hatte eine Rollei mit Zentralverschluß über lange Zeiträume aufgebaut und fotografierte immer wieder Motive aus Nachrichtensendungen. Auf der »documenta« bildeten die Reproduktionen eine 65 m lange und ca. 2,50 m hohe Wandarbeit und wurden in chronologischer Reihenfolge gezeigt. Persönliche Mitteilung Klaus Mettig in seinem Atelier in Düsseldorf-Derendorf am 15. Januar 2001.

(51) Die Fernsehbilder dieser Zeit waren auch von den innenpolitischen Ereignissen der Anti-Atomkraft-Bewegung, des Protests gegen den Bau einer weiteren Startbahn am Frankfurter Flughafen sowie von der Nachrüstungsdebatte geprägt. Die Außenpolitik war bestimmt von Bildern des Revolutionsführers Chomeni, der den Schah in Iran gestürzt hatte, dem Tod Titos (1980) sowie der Proteste der polnischen Gewerkschaft Solidarnosc.

(52) Die Auseinandersetzung mit dem Fernsehbild gab es bereits um 1970 beispielsweise bei Beuys, Nothhelfer u.a. Vgl. Rupert Pfab, wie Anmerkung 8, S. 134f.

(53) Vgl. Helga Meister, wie Anmerkung 8, S. 96-99

(54) wie Anmerkung 10, S. 6

(55) Richard Flood, »Voodoo Schöpfertum: Filmbilder und Fotografie«, in: Elizabeth Janus (Hg.), wie Anmerkung 33, S. 203-212, hier S. 208

(56) Vgl. hierzu ausführlich Rupert Pfab, wie Anmerkung 8, S. 76

(57) Vgl. hierzu Ausst.Kat. *Thomas Struth*, Galerie Max Hetzler, Berlin 2001.

(58) Abbildungen in: *Candida Höfer. Orte Jahre*, Ausst.Kat. Photographische Sammlung/SK Stiftung Kultur, Köln 1999 und Kunsthalle Nürnberg 2000, S. 25-31. Vgl. ebenso den dortigen Text von Anne Ganteführer-Trier, »Von Anfang an. Zum photographischen Œuvre von Candida Höfer«, S. 9-15

(59) Gespräch zw. Barbara Wally und Katharina Sieverding, wie Anmerkung 35, S. 14-47, hier S. 16/17.

(60) ebenda S. 35

(61) ebenda S. 21

(62) Doch nicht nur beim Stilprinzip der Reihung in Fotobüchern, auch bei der Motivwahl gibt es Parallelen zwischen Ed Ruscha und Hans-Peter Feldmann. Ruscha fotografierte 1966 den Sunset Strip, bei dem er den Verlauf der Straße abfotografierte und im Buch zu zwei sich gegenüberliegenden Reihen zusammensetzte. Hans-Peter Feldmann fotografierte 1996 jedes Haus in der Graf-Adolf-Straße in Düsseldorf und präsentierte diese Bilder ebenfalls in einer zusammengehörigen Reihe.

(63) Volker Kahmen, Fotografie als Kunst, Tübingen 1973, S. 33

(64) Vgl. zu den Begriffen Wahrheit und Wirklichkeit im Kontext der Fotografie ausführlich Stefan Gronert, »Reality is not totally real. Die Infragestellung des Sichtbaren in der zeitgenössischen Fotografie«, in: *Große Illusionen. Thomas Demand, Andreas Gursky, Edward Ruscha*, Ausst.Kat. Kunstmuseum Bonn 1999, S. 12-31, hier S. 12

(65) Vgl. hierzu ausführlich Heinrich L. Nickel, *Fotografie im Dienste der Kunst. Die Anwendung der Fotografie in der Kunstwissenschaft, Archäologie und Vorgeschichte*, Halle (Saale) 1959, S. 99ff

(66) Zu Kuballs Arbeitsmethode vgl. Armin Zweite, »Mischa Kuball, *refraction house*«, in: *Art Projects Synagoge Stommeln Kunstprojekte*, hg. von der Stadt Pulheim, Gerhard Dornseifer u.a., Ostfildern-Ruit 2000, S. 77-90.

(67) Über den »Licht-Idealismus« der Gruppe ZERO vgl. ausführlich Karl Ruhrberg, »Aufstand und Einverständnis, Düsseldorf in den sechziger Jahren«, in: Klaus Schrenk (Hg.), *Aufbrüche. Manifeste. Manifestationen. Positionen in der bildenden Kunst zu Beginn der sechziger Jahre in Berlin, Düsseldorf und München*, Ausst.Kat. Städtische Kunsthalle Düsseldorf 1984, S. 86-97, hier S. 88f.

(68) Vgl. hierzu Gespräch zw. Barbara Wally und Katharina Sieverding, wie Anmerkung 35, S. 14-47, hier S. 17

(69) Renate Buschmann, »Made in Düsseldorf«, in: Ausstkat. *2356 km. Kunst aus Düsseldorf in Moskau*, Neue Manege Moskau, hg. von der Kunsthalle Düsseldorf 2000, S. 113-123, hier S. 122.

(70) Vgl. hierzu *Thomas Struth. Unbewußte Orte/Unconscious Places*, Ausst.Kat. Kunsthalle Bern, 1987, u.a. mit Texten von Ingo Hartmann, Ulrich Loock, Friedrich Meschede und *Thomas Struth. Straßen 1976-1995*, Ausst.Kat. Kunstmuseum Bonn 1995 mit Texten von Stefan Gronert, Rupert Pfab und Christoph Schreier

(71) Pornografisches Bildmaterial hatte Ralph Müller bereits 1998 vom Fernsehbildschirm abfotografiert. Vgl. hierzu Ausst.Kat. *Ralph Müller, Fotografien*, Neue Galerie Dachau 1998, Abb. Nr. 59, 60, 64. Die Farbfotos haben Formate von 37 x 50 cm

(72) Jörg Sasses homepage lautet »www.c42.de«

(73) Vgl. hierzu ausführlich Rupert Pfab, »Fotografien des modernen Lebens«, in: Ausst.Kat. *Beat Streuli. City*, Kunsthalle Düsseldorf 1999, S. 4-11

(74) Trevor Smith, »Alltags Arkadien«, in: Katalogbuch zur Ausstellung *Beat Streuli, Über die Welt/About the world*, Bondi Beach/Parramatta Road, 1998, Sprengel Museum Hannover 1999, S. 3

(75) Vgl. Christopher Muller, *Seeing Things*, Nürnberg 2002, hier besonders Stefan Gronert, »Reality show«, S. 6-18, Joseph P. Huston, »Quality flow«, S. 110-122 und Rupert Pfab, »Busy Harvest«, S. 58-72

(76) Klaus Rinke faßt seine Fotos von Wasserflächen als Skulpturen auf. Persönliche Mitteilung Klaus Rinke in Haan, 7.12.2001.

ETWAS, WAS EIN FOTO NICHT SAGEN KANN

José Lebrero Stals

Dieser bewußt vorläufige Essay will keine Theorie vorlegen, sondern lediglich eine Meinung, eine Hypothese, eine phänomenologische Annäherung an den künstlerisch-historisch unzweifelhaft bedeutenden Komplex, den die in Düsseldorf entwickelten Fotoverfahren bilden. Die Anfänge der hier gezeigten Beiträge gehen auf die Zeit der Studentenrevolten in der zweiten Hälfte der sechziger Jahre zurück und ihre geglückten Fortschreibungen reichen, wie diese Ausstellung belegt, bis heute. Im folgenden sollen deshalb die verschiedenen expressiven, konzeptuellen und kontextuellen Fäden miteinander verwoben werden, in denen sich das vielschichtige Fotoschaffen der an der hiesigen Kunstakademie ausgebildeten Künstler in den vergangenen vier Jahrzehnten entfaltet hat. Absicht ist, verschiedene Register zu ziehen und sie im Konzert auf eine bestimmte Bildsprache hin zu untersuchen, die eine Identität eher erkennt als festlegt, es vor allem aber erlaubt, eine vermeintliche einzige und einheitliche Schule oder örtliche Systematik in Frage zu stellen. An dieser Stelle von einer vorherrschenden Verfahrensweise zu reden, käme einer selektiven Lektüre gleich, die genau jene Partikularpraktiken und heterodoxen Ansätze Einzelner ausklammern würde, die meines Erachtens dem kreativen Raum dieser Stadt die anregende und vorbildliche Vielfalt und Gegenwartsbezogenheit verleihen.

Doch werfen wir zunächst einen Seitenblick auf die Bildauffassung von Malern wie beispielsweise Bruno Goller oder Konrad Klapheck. Beide sind schwer einzuordnende Künstler, allerdings mit einem eng verwobenen Werdegang und einem in dieser Stadt wie darüber hinaus vielbeachteten Werk. Beide legen radikalen Nachdruck auf eine Auseinandersetzung mit der Physiognomie der Gebrauchsgegenstände unserer nächsten Umgebung. So schrieb Volker Kahmen 1981: »Doch sind es tatsächlich nur sehr wenige Dinge der Umwelt, die deutlich geschieden als Gegenstände in Gollers Bildwelt erscheinen. Und diese eng begrenzte Anzahl von Bildgegenständen wird zum eigentlichen Vokabular seiner Bildsprache, um dann erst durch die Komposition in den Bildern, durch eine spezifische Sprachlehre, durch eine Art Grammatik das auszudrücken, was Goller zu sagen hat. Nur diese wenigen Dinge haben Bedeutung für Goller, er wiederholt sie auf jeweils neuer Stufe; er kommt von ihnen nicht los, vielmehr scheint er von einigen geradezu besessen, so hartnäckig behaupten sie ihren Platz im Werk.« Dieses obsessive Wiederaufgreifen des Motivs legt meines Erachtens eine deutliche Spur zum Verständnis, wie intimste Sorgen, ja existentielle Ängste sich in einen Stil erkennbarer Konstanten wenden können, hinter dessen formaler Vollendung und Raffinesse das stumme innere Ringen, das ihren zündenden Ursprungsimpuls abgab, völlig verschwindet. Die Flächigkeit und Frontalität, von denen hinsichtlich der Fotografie in dieser Stadt so viel die Rede ist, stellt auch eine wesentliche Eigenschaft sowohl von Gollers als auch Klaphecks Werk dar. In demselben Buch schreibt Dietmar Stemmler über diesen Maler: »1955 malt Klapheck, auf der

Düsseldorfer Akademie, zum erstenmal und in harter Präzision eine Schreibmaschine. Mit diesem Protest gegen den damals herrschenden Tachismus ist zugleich seine eigene künftige Konzeption entschieden. Auf bestimmte Art verändert, vereinfacht, neu kombiniert und in einer knappen malerischen und räumlichen Erscheinung präsentiert er nun in den verschiedensten Variationen Gegenstände des menschlichen Gebrauchs: Schreibmaschinen, Nähmaschinen, Rechenmaschinen, Ladenkassen, Bohrmaschinen, Wasserhähne, Duschen ...«. Abwesenheit der menschlichen Figur in der Darstellung und Zuspitzung des Augenmerks auf das leicht Erkennbare und funktional Vorhandene: Alltagsdinge, häusliche Umgebungen, wiederverwertete Überbleibsel einer Kultur, Ultrakurzgeschichten: Nicht selten kommen in diesen Diskursen Distanz und Nähe gleichzeitig zum Ausdruck.

In den anfänglichen Arbeiten der hier gezeigten Künstler versucht die Annäherung an das fotografische Motiv zugleich, dieses von dem sich darbietenden Kontext zu isolieren, weshalb dramatisierende Aufnahmewinkel vermieden und enge Bildausschnitte bevorzugt werden: So die mehrdeutigen, monumentalen Selbstportraits von Katharina Sieverding, die Künstlerbücher von Hans-Peter Feldmann, die Einfamilienhaus-Serien der Bechers oder sogar einige der ethnographischen Foto-Essays von Lothar Baumgarten, der die Fotografie bezeichnenderweise als einen Vorgang unbedingter Reduktion auffaßt. Auffällig ist jedoch auch das eng umgrenzte thematische Repertoire, das sowohl die genannten als auch Beat Streuli oder Thomas Struth, Thomas Ruff, Andreas Gursky in den frühen Jahren ihrer beruflichen Praxis ausloten. Andererseits ist bemerkenswert, daß gerade einige Studenten von Bernd Becher die Protagonisten des konzeptuellen Aufbruchs waren, dessen es bedurfte, um der international gerühmten Schuldisziplin abtrünnig zu werden, und der den Nachfolgenden – wie beispielsweise Jörg Sasse – indirekt methodische Wahlfreiheit und neue fotografische Felder verschaffte. Ein klassisches Beispiel hierfür sind die großformatigen Sternenhimmel, die Ruff unter Verwendung wissenschaftlicher Aufnahmen der ESO (European Southern Observatory) herstellte.

Hier scheint es angebracht, die Bedeutung der Kunstakademie in Düsseldorf hervorzuheben, die den institutionellen Rahmen für Begegnungen und Debatten bot und ein Referenzort für gemeinsame Initiativen und Generationsverläufe war. Zweifellos hat sie den die sechziger Jahre hindurch verlaufenden Prozeß entscheidend mit angestoßen, den man als die konzeptuelle »Wiederaneignung« der Fotografie im Deutschland nach dem Nationalsozialismus und dem Zweiten Weltkrieg bezeichnen könnte. Diese besondere Ausbildungssituation bot der damaligen jungen Generation günstige Bedingungen, zur überkommenen Studiofotografie auf Distanz zu gehen und sich von der Werbe- und Industriefotografie wie von der Neuen Sachlichkeit zu emanzipieren. Zugleich wich sie in wesentlichen Punkten von der durch Otto Steinert an der Essener Folkwang-Schule vertretenen »subjektiven Fotografie« ab. Erinnert sei hier nur an die rasch fallengelassenen anfänglichen Bildfindungen von Bernd Becher oder Hans-Peter Feldmann und an das dokumentarische Schaffen Candida Höfers vor den achtziger Jahren, bevor sie beschloß, die Figur des Menschen aus ihren Bildern verschwinden zu lassen.

Ausgelöst wurde dieser fotografische Neubestimmungsprozeß in einer politisch und ökonomisch ambitiösen, doch gesellschaftlich traumatisierten Kultur. Aufgrund der Strenge und Disziplin, die das historische Umfeld kennzeichneten, in dem sich die kritischen Denkhaltungen entwickelt hatten, konnte Deutschland nach Überwindung der sogenannten »Stunde Null« sowohl hinsichtlich der demokratischen Anerkennung als auch bezüglich der eingebüßten wirtschaftlichen Prosperität der ersten Jahrhunderthälfte international Anschluß finden. Der Erfolg dieser kulturellen und wirtschaftlichen Wiedereingliederung in die internationale Gemeinschaft, der zum Teil auf das tiefe Bedürfnis historischer Aufarbeitung zurückgeht, spielt eine entscheidende Rolle für das Verständnis der Logik, die die geschichtlich außerordentliche Entwicklung des fotografischen Schaffens in Deutschland charakterisiert. Ebenso trägt das berühmte Reisebedürfnis der Kinder des Wirtschaftswunders oder auch die vollständige Eingliederung des vereinigten Deutschland in die kapitalistische Weltwirtschaft zum Verständnis des reizvollen Kosmopolitismus bei, wie ihn etwa Andreas Gurskys in den neunziger Jahren entstandene Aufnahmen vom Nachthimmel in Los Angeles, vom Bonner Bundestag oder von einer exklusiven italienischen Modeboutique aufweisen.

Eine Landkarte der Orte, an denen Aufnahmen dieser Künstler in den vergangenen zwanzig Jahren entstanden sind, ergäbe ein dichtes, weltweites Netz von Städten. Dieses imaginäre dokumentarische Album reicht vom bescheidenen »Amateurfoto« aus einem beliebigen Hotelfenster in einer nahöstlichen Stadt bis zur spektakulären, digital bearbeiteten Panorama-Aufnahme eines nordamerikanischen Supermarkts, von den Passanten einer Tokyoter Geschäftsstraße bis zu den auf Leser wartenden Büchern in einer Wiener Bibliothek.

Über einzelne Namen hinaus ist festzustellen, daß in Düsseldorf in den sechziger Jahren eine Vielzahl von Lehrenden und Studierenden zusammenkam, die in erster Linie an Auseinandersetzung und Experiment interessiert waren, insbesondere an Einwirkungen des Politischen auf das Ästhetische. Diese Situation begünstigte die Entstehung einer gemeinsamen Grundhaltung, die jene politische und gesellschaftliche Kritik zugleich reflektierte und nach außen trug, die in der bundesweiten studentischen Protestbewegung gipfelte und schließlich 1968 zu den Ausschlüssen von Studenten aus der Berliner FU oder 1972 zur Besetzung des Studentensekretariats der Düsseldorfer Akademie durch Joseph Beuys und seine Schüler führte, was Beuys' Entlassung nach sich zog. Die dokumentarischen Möglichkeiten der Fotografie, die Widersprüche der damaligen Wirklichkeit zu bezeugen – durchaus in der Tradition der schon bestehenden prozessual-dokumentarischen Schule –, sind in diesem Zusammenhang von Gewicht. Die Kamera bot sich jetzt nicht nur Künstlern, sondern einer ganzen Gesellschaft als nützliches Instrument an, um die Realität in anderem Licht erscheinen zu lassen und sie gleichzeitig zu entlarven.

Einige der an dieser Ausstellung beteiligten Künstler gehören der ersten Generation von Deutschen an, die damals zwar bereits erwachsen waren, anders als die Älteren aber keinen der beiden großen Kriege mehr miterlebt hatten. Während ihre Väter zum Ausgleich der aus dem verlorenen Krieg erwachsenen Leiden und Anstrengungen ihre Energie darauf verwandten, von den Vorteilen der kapitalistischen Konsumwelt zu profitieren, suchten diese Nachwachsenden der neuen Demokratie in den sechziger Jahren nach ethischen Alternativen. Als Medium der Information und der Anklage mochte die Dokumentarfotografie für diese gesellschaftlichen Dissidenten eine Orientierung, ein zeugenschaftlicher Ausblick auf eine Welt sein, die jenseits des bürgerlichen Wohnzimmers, in dem sie aufgewachsen waren, in der Zukunft vielleicht möglich würde. Benjamin Buchloh weist in seiner Analyse von Gerhard Richters Bildkompendium *Atlas* darauf hin, daß die Welt sich in den Illustrierten in eine fotografierbare Gegenwart verwandelt zu haben scheint und diese fotografierte Gegenwart sich verewigt: Scheinbar den Klauen des Todes entrissen, sei sie ihm anheimgefallen.

Das in New York von Edward Steichen betreute monumentale Projekt, die Menschheit aus der Perspektive der Sieger zu beobachten, schien hingegen mit seiner Auswahl von 503 Bildern aus einem Kontingent von über zwei Millionen Fotos, die das New Yorker Museum of Modern Art 1955 erstmals unter dem Titel »The Family of Man« zeigte, außerstande, die Gefühle der Generation zu spiegeln, die dem Schweigen ihrer Eltern entkommen wollte. Ebensowenig fand sie allerdings Identifikationsmuster in dem Gegenmodell eines enzyklopädisch-fotografischen Weltportraits der zweiten Jahrhunderthälfte, nämlich der Welt kollektivierten Fortschritts, fotografisch in Szene gesetzt durch die poststalinistische Propaganda in der Sowjetunion.

Bezeichnenden Ausdruck findet dies in der Beharrlichkeit, mit der nicht wenige der Genannten in ihrem Werk die baulichen Konsequenzen dokumentierten, die das partielle Scheitern einer gesellschaftlichen Umsetzung der von der modernen Architektur vertretenen Werte nach sich zog. Die eilig errichteten Bauten der

Nachkriegszeit sind die »schlechten Formen«, mit denen diese Künstler auf die eine oder andere Weise geistig zu leben hatten. So ging es auch anderen ihrer Generation, wie Thomas Schütte, Reinhard Mucha oder Martin Honert, was dazu verlockt, den autobiografischen Anteil in ihren Werken hervorzuheben: Dieser tritt in den ersten Serien der Bechers so deutlich zutage wie in Feldmanns Künstlerbüchern, in Gurskys frühen lakonischen Landschaften so klar wie in der kargen eleganten Einsamkeit, die auf Candida Höfers sorgfältig aufgezeichneten Innenraumbildern von Schlössern, Kinos, Bibliotheken und Wartesälen herrscht. Ich würde sogar sagen, in diesen Werken lauern nicht selten verborgene Eltern-Kind-Konflikte und unbefriedigte Wünsche. Träfe dies zu, so wären in ihnen symbolische Objekte auszumachen, die die Notwendigkeit persönlicher Selbstbehauptung schlüsselhaft vermitteln.

Daß in den sechziger Jahren beunruhigte junge Künstler wie Jörg Immendorf, Blinky Palermo, Reiner Ruthenberg, Katharina Sieverding oder Konrad Lueg in denselben Hörsälen zusammentrafen und daß sie in direktem Kontakt zu jener ersten Generation standen, die nach dem Schweigen und den Abstraktionen der fünfziger Jahre eine Rückkehr zur Kultur der Rebellion einleitete, läßt von heute aus gesehen einige nicht zu unterschätzende Erkenntnisse zur Geschichte der Kunst im Europa der Post-Avantgarden zu. Exemplarisch seien hier Künstler wie Dieter Roth, Nam June Paik, Robert Filliou, Marcel Broodthaers oder Daniel Spoerri genannt. Gerhard Richter beispielsweise hat im Gespräch über diese Phase vehement betont, welche Bedeutung neben der Pop Art die Fluxusbewegung für seinen Fotorealismus hatte.

Es versteht sich von selbst, daß die überzeugenden künstlerischen Resultate der drei aufeinanderfolgenden und uns hier beschäftigenden Generationen nicht möglich gewesen wären ohne den Aufbau eines anspruchsvollen und aktiven Museumswesens und eines so dynamischen und mächtigen Marktes für zeitgenössische Kunst, wie es der deutsche ist. Beiläufig sei jedoch auch auf die Wichtigkeit eines Ausbildungszentrums wie die Düsseldorfer Akademie als Forum der Produktion und der Entwicklung eines kollektiven kritischen Instrumentariums hingewiesen. Auf ihre Funktionsfähigkeit als Entstehungsort eines ethischen Bewußtseins, der die befreiende Aufgabe einer Kultur des Widerstands gegen die Gesetze des Konsums und des Spektakels zu potenzieren vermag. Wir erleben Zeiten, in denen es immer problematischer wird, die Ziele der Kultur zu bestimmen. Umso mehr ist die fundamentale Rolle zu betonen, die der Kunstakademie der nordrhein-westfälischen Hauptstadt zwischen etwa 1965 und 1975 als Referenzraum für die fortschrittliche Geschichte der Kunstausbildung im Europa des vergangenen Jahrhunderts zukommt. Diese Ausbildungssituation, die so viel dazu beigetragen hat, diese Stadt künstlerisch in »Unruhe« zu halten, begünstigte zum

Beispiel den Kontakt der konzeptuellen und minimalistischen Positionen des nordamerikanischen Künstlers Carl Andre mit dem damals noch kaum bekannten Werk von Hilla und Bernd Becher. Aus dieser persönlichen Begegnung und bis zu einem gewissen Grad ideellen und konzeptuellen Identifikation erwuchs der Artikel, den Andre 1972 über die beiden verfaßte und der ihr Werk begeistert und mit großer Anerkennung in den amerikanischen Kontext einführte. Es war kein reiner Zufall, daß man seit Anfang des Jahrzehnts wechselseitig in Düsseldorf und New York ausstellte und mehrfach auf markanten Ausstellungen der Zeit zusammentraf, wie 1970 in der legendären »INformATION« im Museum of Modern Art in New York.

Diese persönlichen Verbindungen und konzeptuellen Verwandtschaften, die lokale Situationen unterschiedlicher Städte zusammenbinden, haben sich später erneuert: So gibt es etwa eine Verbindung zwischen den fotografischen Konstruktionen urbaner Randbezirke des Kanadiers Jeff Wall und den Architekturfotografien von Thomas Struth in den achtziger Jahren. Über verschiedene Bildrhetoriken setzen sich beide mit der Herausbildung der Städtefotografie in der Mitte des 19. Jahrhunderts und der Dokumentation modernen Städtebaus auseinander. Die Reportage ist in beider Verständnis keine Kunstfotografie, sondern setzt kulturelle Zeichen, die deutlich an die »Tableau«-Tradition des 19. Jahrhunderts erinnern. Struths großformatige Museumsbilder ergänzen sich hier mit der Panorama-Szenerie von Kunstrestauratoren bei der Arbeit, die der Kanadier Jeff Wall aufgenommen hat.

Von der Fotografie in Düsseldorf zu sprechen, lädt also dazu ein, an den außerordentlichen Einfluß und die Signifikanz einer Kunsthochschule zu erinnern, in der wir das Terrain des Denkens und Handelns erkennen, aus dem etliche der Kraftlinien des seit den sechziger Jahren in Europa entstandenen kritischen Diskurses der Kunst erwachsen sind. Wer von der Kunstakademie spricht, muß Namen wie Joseph Beuys, Gerhard Richter oder Sigmar Polke nennen, die sich alle drei für eine Analyse der dokumentarischen Nutzung des Mediums Fotografie und deren mögliche Verwendung in anderen Medien interessierten. Auf unterschiedliche Weise bot ihnen die Fotografie Gelegenheit, das Bild mit einer ungewöhnlichen Prägung zu versehen und zugleich die Tätigkeit des Malens in ihrem Verhältnis zur Medienkultur zu überdenken und dabei deren zwiespältigen Status als operatives Modell realistischer oder buchstäblicher Beschreibung gleichsam im Vorübergehen auszuhebeln. In diesem Zusammenhang muß auch die weniger bekannte Klasse für experimentellen Film und Theater erwähnt werden, die vor allem in den siebziger Jahren aktiv war. Bemerkt sei auch, daß in jenen Jahren das bewegte Bild Eingang in die Kunst gefunden hat, wie die Fotogrammserien Katharina Sieverdings erkennen lassen, aber auch die 16mm-Filme von Klaus

Mettig oder Sigmar Polkes zeitweiliges Interesse am bewegten Bild. Diese Spur läßt sich bis heute verfolgen, sei es in den Dia-Projektionen Beat Streulis oder in Dunja Evers' Fotos aus laufenden Filmen. Doch zwischen dem gesellschaftskritischen und politisch militanten Film, wie er in den siebziger Jahren in den Lehrsälen diskutiert wurde, und den quasi »kontrafilmischen Ausstellungsarbeiten« Streulis oder Evers' liegen die Differenzen und Distanzen eines Vierteljahrhunderts kultureller Entwicklung: Der damalige Widerspruch von Kunst und Gesellschaft scheint heute fast ausschließlich innerhalb der kodifizierten Sprache der Kunst wirksam zu sein. Ohne eine - andererseits auch schwer vorstellbare - echte Alternative bieten zu können, scheint die neue Generation der Fotokünstler verstanden zu haben, daß das Kino wie die Werbung Erscheinungsformen bieten, die möglicherweise zur Indikatorenentschlüsselung des von uns zu vertretenden Gemeinschaftslebens besser taugen als die der Fototradition selbst. Kein Zweifel, daß ihre Arbeit zumindest perfekt von den Symptomen der kulturellen Krankheiten unserer Epoche kündet: etwa der öffentlichen Fiktionalisierung und Infantilisierung des Geschichtsgedächtnisses oder dem Verschwinden der öffentlichen Räume, jener »Gemeinplätze«, auf denen plurale Identitäten zusammenkommen und antagonistisch ausgehandelt und die seelischen Besonderheiten der Individuen, die sich als Teilnehmer am gemeinsamen Dialog fühlen wollen, bestärkt werden. In diesem Sinne laden sie dazu ein, an mögliche Alternativen zu denken und die fotografische Tätigkeit in Düsseldorf einmal mehr neu zu erfinden.

Die Verknüpfung zwischen künstlerischer Produktion und Örtlichkeit geschieht mit realen und imaginären Differenzen, so daß nie von einem eindeutigen, unveränderlichen und gleichsam naturwüchsigen Klima die Rede sein kann. Die fotografische Tätigkeit in dieser Stadt wurde in der Vergangenheit nicht ohne Grund in einer künstlerischen Sphäre verankert, die weitgehend unspektakuläre, aus einem vermeintlich distanzierten Blick erwachsene Bilder hervorbrachte und der tendenziell das Bedürfnis nach Dokumentation vornanstellte oder den Ordnungskriterien von Bildarchiven gehorchende Akkumulationsmethoden einsetzte. Freilich wissen wir, daß das Material - hier das fotografische - nichts von selber aussagt, weshalb es denn auch auf seine möglichen Funktionen hin zu untersuchen wäre, die in diesem Fall und in dieser Ausstellung je nach Künstler deutlich variieren. Wenn dem so ist, dann liegt es nahe, die permanente Verkettung von Meistern und Schülern in Frage zu stellen, von der bis vor rund zehn Jahren so viel gesprochen wurde.

Nach Ablauf des Jahres 1 in Stanley Kubricks kinematografischem Jahrtausend scheinen die Städte, die sich einige Intellektuelle vor einem Jahrhundert als künftige Laboratorien besserer Welten vorgestellt hatten, zu Drehorten eines gigantischen Werbespots zu werden. Auch Düsseldorf bleibt offenbar von diesem unaufhaltsamen Prozeß städtischen Prêt-à-porter-Designs nicht verschont. Dessenungeachtet findet man auch hier noch Ansätze zu kritischer Kulturpraxis. Ein gutes Beispiel dafür ist der Beitrag von Hans-Peter Feldmann, der seit den sechziger Jahren mit unspektakulären Mitteln arbeitet und neuerdings wachsendes Interesse an seinem Werk erfährt. 1968 ließ Feldmann die Bequemlichkeiten der traditionellen künstlerischen Schaffensformen hinter sich. Seine Suche nach alternativen Produktions- und Distributionsweisen einer auf dem Alltag und der Analyse der institutionellen Rahmenbedingungen gründenden Praxis wird von jungen Künstlern aus den verschiedensten Städten »wiederentdeckt«, was seine Position für unsere Begriffe heute ungemein aufwertet. Die theoretisch-praktischen Untersuchungen, die Thomas Ruff über die Möglichkeiten und Grenzen des fotografischen Mediums führt, indem er in seiner Arbeit Themen wie politische Fotomontage, Zeugenschaft und Überwachung neu auslotet oder die Beziehungen und Abhängigkeiten zwischen Analog und Digital erkundet, vollziehen seit zehn Jahren den Schritt vom chemischen über das analoge zum digitalen Verfahren.

Die Fotografie in Düsseldorf hat sich sowohl im Bereich der Museums- und Ausstellungstätigkeit als auch auf dem Kunstmarkt sehr erfolgreich entwickelt. Dem Niveau der Auseinandersetzung hat dies keinen Abbruch getan. So erleben wir, wie Gerhard Richters Aussage: »Die Fotografie ist das vollkommenste Bild, es wandelt sich nicht, es ist absolut« frontal durch eine jüngere Reflexion Thomas Ruffs in Frage gestellt wird, der darin auf die unvermeidliche Frage des Präsens der Darstellung eingeht. In seiner kürzlich in Krefeld und New York gezeigten Serie stellte er die Überlegung an: Wie läßt sich die Architektur von Mies van der Rohe in Bilder von Thomas Ruff transformieren? Seine Antwort enthält Hinweise zum Verständnis einer der starken fotodiskursiven Formulierungen unserer Tage: »I realized I was ready for Mies – that I could make his architecture look different from the way it had appeared in previous photographs [...] to work in several modes: straight architectural shots, interior photographs like the ones made long time ago.«

Aus dem Spanischen von Stefan Barmann

KLAUS METTIG

1950 geboren in Brandenburg
lebt in Düsseldorf
1976 Independent Study Program, Whitney Museum of American Art, New York

WEITERFÜHRENDE LITERATUR

1982 Stedelijk van Abbe Museum Eindhoven, *Klaus Mettig. Such a Press of People*
1983 Städtisches Kunstmuseum Bonn u.a., *Klaus Mettig. Die Explosion ist lautlos*
1987 Ausstellungshallen Mathildenhöhe Darmstadt, *Klaus Mettig. Stahlnetz I-X/1985*

Klaus Mettig begann mit seiner Arbeit in den frühen siebziger Jahren. Unter dem Eindruck der damaligen weltpolitischen Lage, insbesondere des Krieges in Vietnam, stellte er die kritische Analyse der modernen Informationstechnologien in den Mittelpunkt seines künstlerischen Interesses. Ein politischer und gesellschaftsbefragender Ansatz prägt seine Arbeit bis heute.
Reisen in unterschiedliche Weltregionen waren für den Künstler von Bedeutung. 1973 hielt er sich erstmals in den Vereinigten Staaten auf. In den Jahren 1976 und 1977 studierte er im Independent Study Program des Whitney Museums in New York. 1978 unternahm er Reisen in die Volksrepublik China und 1985 in die Sowjetunion.
Mettigs Arbeiten der siebziger und frühen achtziger Jahre spiegeln die politische Anspannung einer Zeit wider, die geprägt war durch die Blocksituation und die Ideologie des Kalten Krieges. Ihm ging es darum, die Kontraste zwischen den Lebensentwürfen westlicher und östlicher Kultur zu durchdringen. Bereits in der Bild-Ton-Installation *China-Amerika* von 1977 spielte der Ost-West-Konflikt eine tragende Rolle. In den achtziger Jahren entstanden Werkkomplexe aus Diaprojektionen und mehrteiligen Schwarzweiß-Fotoarbeiten zum Thema *Berlin/Ost-West, 1981-1983 (Zwischen Gestern und Morgen)*. In Momentaufnahmen zeigen sie Grenzzäune, Absperrungen, Mauern und andere bildhafte Entsprechungen der deutsch-deutschen Teilung. 1980 verwandelte er den Seitenlichtsaal der Kunsthalle Düsseldorf mit einer 224-teiligen Foto-Installation in eine Art riesiges chinesisches Kaleidoskop.
Mit dem Verfahren der Kombination von Fotografien und Filmaufnahmen schafft Klaus Mettig Installationen, die vielschichtige Blickkonstruktionen beinhalten und beständig neue Bildrealitäten freisetzen. Beispielhaft zeigte dies bereits die Ausstellung »Some 260 Miles From Here« 1973 im Gallery House in London. Aus Super-8-Filmen, mehreren Schwarzweiß- und Farb-Diaprojektionen konstituierte Mettig damals mit Hilfe von Überblendungen Bildräume, die sich inhaltlich und formal einer eindeutigen Kategorisierung verweigern.
Solche Momente medialer Irritation sind ein beständiges Merkmal seiner Arbeit. Ein weiteres ist die Hinterfragung des durch die Medien vermittelten Bildes und seiner Wirklichkeit. Zwischen 1977 und 1981 reproduzierte Mettig TV-Bilder aus Nachrichtensendungen und Reportagen. Aus dieser umfassenden Materialsammlung entwickelte er 1982 für das Van Abbemuseum in Eindhoven und die »documenta 7« die Arbeit *Ohne Titel 1-214/1978-1981 (and such a press of people)*, eine gigantische Bilderchronik, in der 2568 Einzelfotos zu einer Wand von 64m Länge und 2,50m Höhe montiert waren: »a monumental frieze of reality«. (1)
Diese Bilder verleugnen ihren Ursprung nicht: Ihre Inhalte – Kalter Krieg, Afghanistan, Nachrüstung oder Pershing II – sind als Fernsehbilder so geläufig, daß jede einzelne Aufnahme als kleines Bruchstück das »Weltbild« jener Zeit repräsentiert. Eliminiert ist jedoch ein sinnstiftender, übergreifender Zusammenhang in der Ansammlung des Heterogenen. Das aus dem Strom der bewegten Fernsehbilder herausgeschnittene und stillgestellte Bild fordert eine andere Art der Auseinandersetzung heraus und setzt vielschichtige Assoziationen frei. Mettig ging es darum, wie er selbst erklärte, »[...] bestimmte Ereignisse wieder autonom werden zu lassen und als Bildelemente zu gebrauchen. Durch diesen Prozeß wurden die Ereignisse vor dem Verlöschen bewahrt und einer Herausforderung und Stellungnahme überführt.« (2)
In der Serie *Vor dem Licht 1985 (Stahlnetz)* hat der Künstler eine andere ästhetische Strategie verfolgt. Farbgetränkte Bilder sind zwischen quadratische Stahlplatten und eine feinmaschige Drahtgaze montiert. Durch das Stahlnetz gesehen wirken die Bilder eigentümlich materialisiert und flimmernd gerastert. Die Aufnahmen entstanden während eines Aufenthalts in Moskau, doch sind viele Motive nur bei genauem Hinsehen zu entziffern. Die Arbeit *Stahlnetz* evoziert das beklemmende Gefühl einer fremdartigen Welt voller Bedrohung und Gewalt. Gleichwohl handelt es sich nicht um eine Zustandsbeschreibung der Sowjetunion vor der Perestroika. Vielmehr rührt dieses Gefühl aus der Vieldeutigkeit und Rätselhaftigkeit der Bilder her, die sich der gewohnten, durch die Medien konditionierten Lesart verweigern.
Klaus Mettig setzt mit seinem Werk eine grundsätzliche Reflexion über die Qualität des Bildes in Gang. Die uns umgebende Bilderflut erscheint schlagartig stillgelegt. Das Verlangen des Betrachters nach Signifikanz des Bildes wird irritiert, da Kontexte ausgeblendet und die Bilder zugleich verfremdet werden. Zuweilen wie in der Serie *Ohne Titel I-X (1988)* besitzen Mettigs Fotos eine geradezu malerische Anmutung, wenn Motive in diffuser Dunkelheit verschwimmen oder bis zur Ungegenständlichkeit aufgelöst sind. »Die optisch-chemikalisch hergestellten Bilder erscheinen wie Nachbilder, wenn man die Augen schließt. Gerade die unpastose glatte Oberfläche des Fotos verstärkt diesen nicht mehr nach außen gerichteten Nachspiegelungseffekt. Nicht ein ›gemaltes‹ Bild prägt sich ein, sondern ein fotografisch festgehaltener Moment malt sich hier fort.« (3)
Mettig stellt unser Vertrauen auf die vermeintlichen Kompetenzen der Fotografie und ihre durch technische Präzision verbürgte Objektivität zur Disposition. Wenngleich die politische und gesellschaftliche Realität den Inhalt seiner Arbeiten bestimmt, ist Mettig kein politischer Künstler im engeren Sinne. Sein Werk ist hintergründiger, da es die Qualität des technischen Bildes hinterfragt.

(1) Annelie Pohlen: »Klaus Mettig. Kunstmuseum Bonn und Württembergischer Kunstverein Stuttgart«, in: *Artforum*, Vol. 22/1984, No. 5, S. 84-85, hier S. 84
(2) Klaus Mettig im Gespräch mit Dirk Stemmler, in: *Klaus Mettig*, Ausst.Kat. Kunstmuseum Bonn/Württembergischer Kunstverein Stuttgart 1983 (ohne Seitenzählung)
(3) Stephan von Wiese: »›Ohne Titel‹, 1988 – Zu drei neuen Arbeiten von Klaus Mettig«, in: *Klaus Mettig*, Faltblatt zur Ausstellung Kunstmuseum Düsseldorf 1988/89

AZ

nachfolgende Abbildungen:
o.T. I-IV 2001, 2001,
je 180 x 240 cm, A/D Print

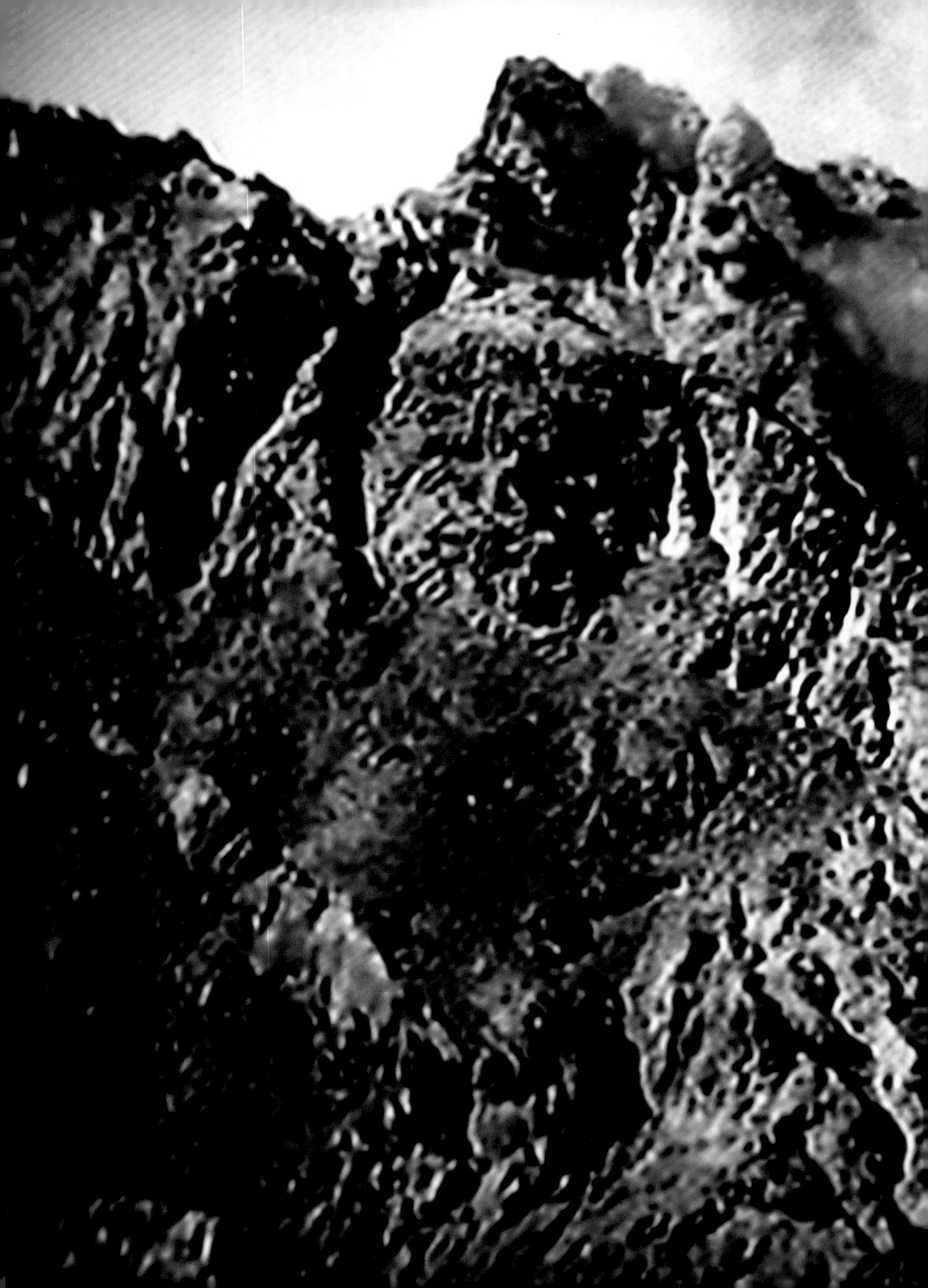

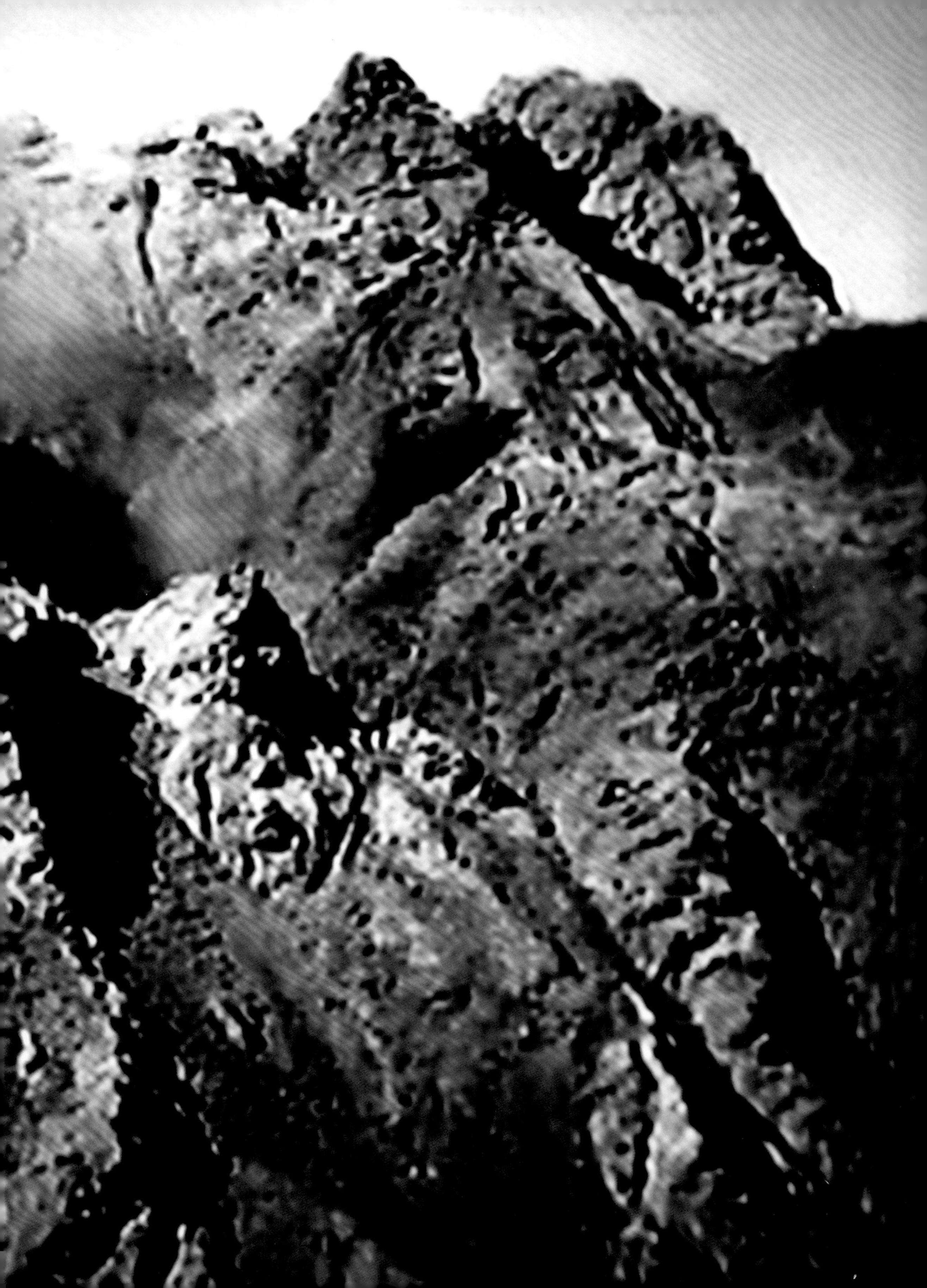

BEAT STREULI

1957 geboren in Altdorf, Schweiz
lebt in Zürich und Düsseldorf
1977/78 Schule für Gestaltung, Zürich
1979-1981 Schule für Gestaltung, Basel
1982-1985 Hochschule der Künste, Berlin

WEITERFÜHRENDE LITERATUR
1993 Kunstmuseum Luzern, *Beat Streuli. Projektionen und Fotografien NYC 91/93*
1995 Württembergischer Kunstverein Stuttgart, *Beat Streuli. USA 95*
1999 Kunsthalle Düsseldorf u.a., *Beat Streuli. CITY*
2000 Galleria Civica d'Arte Moderna, Turin, *Beat Streuli. Portraits 98-00, La bella estate*
2001 *Beat Streuli. 04-23-01*, Paris 2001

Die Großfotos, Diaprojektionen, Videofilme und Außenraum-Installationen Beat Streulis zeigen Momentaufnahmen von Menschen auf den Straßen westlicher Metropolen. In den wechselhaften Konstellationen anonymer Menschenmengen, die das städtische Leben prägen, fängt er die Aura der auf sich konzentrierten, teilweise entrückt und versonnen wirkenden Personen mit dem Teleobjektiv ein und schafft Portraits, die sowohl Typisches einer Gesellschaft wie Individuelles einer Person ablesbar werden lassen. In manchen Fällen nehmen die Portraitierten den Fotografen als Gegenüber wahr, und es entwickelt sich ein Dialog zwischen dem Blick der Person und dem des Künstlers. Eine Serie jüngerer Arbeiten, die großformatige Portraits von Jugendlichen zeigt und an unterschiedlichen Orten entstanden ist, kombiniert Ansichten von dem Fotografen zugewendeten und abgewendeten Blicken. Konzentriert auf die Gesichter, konfrontieren diese Arbeiten, die im öffentlichen Raum auch dauerhaft installiert wurden, den Betrachter mit den Bildern einer Generation aus der unmittelbaren Umgebung. (1)
»Streulis Bilder vermitteln« – so Alexander Braun – »intime Momente in der Begegnung mit Menschen. Indem das Flüchtige des Schnappschusses in ein studierbares Bild überführt wird, gerinnt der Moment zu einem Brennpunkt der Persönlichkeit.« (2) Aus dem Fluß der Zeit, der unmittelbar als Bewegung der Passanten und an Attributen wie Kleidung und Umgebungsdetails ablesbar wird, kristallisiert Streuli das *punctum*, jenen Moment, den Roland Barthes in seinem bekannten Essay über die Fotografie als das Wesentliche einer Fotografie beschrieb, als Möglichkeit anonymer Portraits heraus. Das Teleobjektiv läßt dabei den im Bildausschnitt erkennbaren Hintergrund fragmentarisch und unscharf werden. Als formaler Rahmen wird er für die Auswahl einer Fotografie aus einem Konvolut von Aufnahmen ebenso entscheidend wie der jeweilige Ausdruck der Personen, die stets als Halbkörperansichten aufgenommen werden. Die Entscheidung für einen Ausschnitt wie auch für die großformatigen wand- und raumfüllenden Präsentationsformen seiner Arbeiten im Ausstellungskontext bzw. im öffentlichen Raum basiert auf der Idee, dem Betrachter der Fotos eine unmittelbare Bezugnahme zum Strom der Passanten zu suggerieren. Die Aufmerksamkeit Streulis für diese formalen Aspekte läßt sich aus seiner künstlerischen Entwicklung herleiten, die er folgendermaßen beschrieb: »Angefangen habe ich mit ›konstruktiven‹ Fotografien, mit Fotogrammen, mit Montagen von Gesichtern, Texten und Objekten, die sich an Bildsprachen des Kinos und der Werbung orientierten. Allmählich vollzog sich dann das Eintauchen in die Menschenmenge...«. (3)
Das Interesse an der Bildsprache des Kinos wird besonders in Streulis mehrteiligen Diaprojektionen und Videos sichtbar. In Überblendprojektionen zeigt er Bildfolgen, die Bewegungsabläufe einzelner Personen an mehreren Einzelbildern vorstellen. Durch die Dauer der jeweiligen Bildpräsentationen setzt er rhythmische Zäsuren, die eine Nähe zum Film aufbauen: »Das Erlebnis des urbanen Raumes ergreift den Beschauer [...] nicht eigentlich als Seherfahrung, sondern in einem ganz eigenen Transfer, worin sich aktuelles Sehen und Vorstellung vermengen. Der Katalysator in diesem Transfer ist die Zeit, die zwischen den Überblendungen entsteht und die als reale Zeiterfahrung vom Beschauer in die Bildwelten zurückprojiziert wird. Vor unseren Augen spielt sich etwas ab, dessen wir einen Moment lang habhaft werden können [...]. Ein Mikroereignis, das uns allerdings im nächsten Moment auch wieder entzogen wird. In dieser Weise tendieren die Projektionen zum Film: Schnitt und Sequenz sind vorgegeben und exponieren solchermaßen eine eigene Bildregie.« (4)
Durch die Diaprojektionen erreicht Streuli jedoch nicht nur an filmische Situationen erinnernde Wahrnehmungserlebnisse, es gelingt ihm auch, wie Rupert Pfab in einem jüngeren Ausstellungskatalog dargelegt hat, »eine visuelle Öffnung der Wandflächen und eine Erweiterung des Raumes. Die projizierten Bilder scheinen aus sich selbst zu leuchten. Dabei wird das Tiefenlicht der Fotofarben mobilisiert. Dieses aus einer unteren Raumschicht hervordringende Licht scheint von innen heraus auf den Betrachter zu strömen.« (5)
Das Medium Film kommt im Werk Streulis in verschiedenen Videoarbeiten zum Einsatz, wobei er hier die Kamera beispielsweise als anonymen Beobachter an einer Straßenecke positioniert.
Wie in den anderen Arbeiten Streulis liefert die Straße und ihre mehrschichtigen referentiellen Möglichkeiten den Fundus für anonyme Portraits und weitere gesellschaftliche Aussagemöglichkeiten.

(1) So entstand zum Beispiel erst kürzlich eine Dauerinstallation mit Portraitbildern Streulis für den Hauptsitz der Düsseldorfer Stadtsparkasse an der Berliner Allee.
(2) Zitat aus dem Einleitungstext zum Interview mit Beat Streuli: »Es findet alles schon statt; man muß nur nach Mitteln suchen, die es einen sehen lassen«. Ein Gespräch von Alexander Braun, in: *Kunstforum International*, Bd.133/1996, S. 244
(3) zitiert in *3. Internationale Foto-Triennale Esslingen 1995. Dicht am Leben. Close to Life*, Ostfildern 1995, S. 94
(4) Martin Hentschel »Die Langsamkeit der Straße«, in: *Beat Streuli. USA 95*, Ausst.Kat., hg. von Martin Hentschel, Württembergischer Kunstverein Stuttgart, Ostfildern 1995, Text ohne Paginierung
(5) Rupert Pfab: »Photographien des modernen Lebens«, in: *Beat Streuli. City*, Ausst.Kat. Kunsthalle Düsseldorf u.a. 1999, S. 7

BH

Sydney 2000, 2000/2001, C-Prints, 125 x 165 cm
Courtesy Galerie Conrads, Düsseldorf

ANKS
AWAY

gby League

HANS-PETER FELDMANN

1941 geboren in Düsseldorf
lebt in Düsseldorf

WEITERFÜHRENDE LITERATUR

1989 Werner Lippert: Hans-Peter Feldmann, *Das Museum im Kopf*, Köln 1989
2000 Fundació Antoni Tàpies Barcelona u.a. *Hans-Peter Feldmann. 272 pages*

Kommt man in die Wohnung von Hans-Peter Feldmann, fallen einem sofort graue, postkartengroße Pappkartons auf, die sich im Regal neben seinem Arbeitstisch stapeln. Unzählige Aufnahmen, schwarzweiß und farbig, werden hier aufbewahrt. Fotos von Reisen, alte Fotos, eigene Fotos, gefundene Fotos, Familienfotos, Fotos von Freunden. Das Bildmaterial ist wenig spektakulär.

Die kleinformatigen Fotografien reihen sich wie Momentaufnahmen aneinander. Ohne jedes ordnende System sammelt sich ein Bilderfundus an, der das Unspektakuläre lediglich festhält. Eine Vielzahl dieser Fotografien wird niemals publiziert werden, andere fügen sich im Rückblick zu einer Bilderfolge zusammen. Wie etwa die achtzig Aufnahmen aus Hotelzimmern, die Feldmann auf Reisen in den vergangenen zwanzig Jahren aufgenommen hat. Touristische Attraktionen sucht man jedoch vergeblich. Die Dächer, Mauern und Straßen sind für den Außenstehenden zumeist ohne Wiedererkennungswert. Erst der Untertitel verrät, an welchen Orten sich der Fotograf aufgehalten hat.

1968 stellte Hans-Peter Feldmann seine Aufnahmen erstmals in Heften zusammen, die unsigniert und in hoher Auflage publiziert wurden. Die kleinen Broschüren beinhalteten in unterschiedlicher Anzahl schwarzweiße Offsetreproduktionen. Sie zeigen kommentarlos und thematisch geordnet Gegenstände, Personen, Tiere und Landschaften. Ob als Einzelheft, das an einer Kordel von der Wand hängend präsentiert wird, in Kartons zusammengefaßt oder als größere Bildfolgen in Buchform, Hans-Peter Feldmann favorisiert den einfachen Drogerieabzug, der leicht zu vervielfältigen und mühelos zu transportieren ist.

Häufig greift Feldmann auf vorgefundenes Bildmaterial aus Illustrierten und Büchern oder auf Plakate und Postkarten zurück. Diese werden, falls nötig, mit selbstgemachten Aufnahmen ergänzt. *Sonntagsmotive* (1976-1977) oder *Zeitabläufe* (1971-1973) bilden Inventare von bis zu 500 Fotos.

Mitte der siebziger Jahre beginnt Feldmann Gipsabgüsse antiker Statuen zu kolorieren, um diese »schöner zu machen«, wie er sagt. Alte Spielzeugautos erhalten durch eine Spritzlackierung neue Farbe. In den folgenden Jahren erweitert sich der Werkkomplex um kolorierte Vorlagen von Kinderfotos, Zeitungsseiten, Pin-up-Girls und Stichen Alter Meister.

Mit dem Entschluß Feldmanns, nicht mehr für den Ausstellungsbetrieb zu arbeiten, geht 1980 die weitgehende Vernichtung seiner Fotos und Hefte einher. Im Selbstverlag gibt er seit 1991 wieder Bilder in Form von schwarzweiß- und Farbfotokopien oder in Buchform heraus. In Künstlerkooperationen erschienen zwischen 1995 und 1998 sechs Ausgaben der Zeitschrift *Ohio*. Es handelte sich wie schon bei den Heften um eine kommentarlose Zusammenstellung von Fotografien, die die Macht der Bilder ins Leere laufen läßt.

Ein in sich geschlossenes Projekt ist die kürzlich fertiggestellte Serie *100 Bilder*. Stellvertretend für jedes Lebensalter vom Säugling bis zur Hundertjährigen hat Feldmann Portraits von Verwandten, Freunden und Bekannten aufgenommen. Ähnliche Bestandsaufnahmen in Form sozialer Alltagsfotografie bilden die Serien *Eine Stadt: Essen* (1977) oder *Eine Firma* (1991) (1), die sich aus mehreren hundert Ansichten und Portraits zusammensetzen.

Feldmann entlehnt seine Vorgehensweise der Amateurfotografie, was sich sowohl in der Motivwahl, im Bildformat und im Verzicht auf Signaturen manifestiert. Fotografien ohne Informationswert oder unscharfe Schnappschüsse werden bewußt nicht eliminiert, denn »wer weiß, vielleicht sind es genau die Aufnahmen, die ich in zehn Jahren haben möchte«. (2)

(1) *Eine Stadt: Essen*, Museum Folkwang, Essen 1977; *Eine Firma, Siemens*, München 1991

(2) Persönliche Mitteilung Hans-Peter Feldmanns im Gespräch am 15. Oktober 2001 in Düsseldorf.

HvdV

München

Teruel

Athen

Zypern

Lipari

Mariaz

Nantes

Graz

Rotterda

Wien

Quenca

Spreewald

Blicke aus Hotelzimmerfenstern, 1970-2002

Wien

Hamburg

Graz

Burgstall

Frankfurt, Main

Barcelona

Wiener Neustadt

Nantes

Karlsruhe

Linz, Donau

Scheveningen

New York

Zeilsheim

Waidhofen/Ybbs

Bremen

Eisenstadt

Madrid

Toronto

Porto

Ontario

Nebraka

Bremen

ANDREAS GURSKY

1955 geboren in Leipzig
lebt in Düsseldorf
1978-1981 Folkwangschule (GHS) Essen
1981-1987 Staatliche Kunstakademie Düsseldorf bei Bernd Becher

WEITERFÜHRENDE LITERATUR
1992 Kunsthalle Zürich, *Andreas Gursky*
1994 Deichtorhallen Hamburg u.a., *Andreas Gursky. Fotografien 1984-1993*
1995 Tate Gallery Liverpool, *Andreas Gursky. Bilder*
1998 Kunsthalle Düsseldorf, *Andreas Gursky. Fotografien von 1984 bis heute*
2001 Museum of Modern Art, New York, *Andreas Gursky*

Sei es der Ausschnitt aus einem altmeisterlichen Gemälde, der Blick in einen amerikanischen Supermarkt oder die Aufnahme des Deutschen Bundestages - Andreas Gurskys Themenspektrum ist potentiell unbegrenzt. Immer interessieren ihn jedoch gesellschaftliche Zusammenhänge und verschiedenste Phänomene der Populärkultur wie die Berliner Love Parade, ein Formel 1-Rennen, ein Boxkampf des Ukrainers Klitschko, Rockkonzerte oder internationale Handelsbörsen.

Bereits unmittelbar nach seinem Wechsel von der Essener Folkwangschule in die Klasse von Bernd Becher an die Düsseldorfer Kunstakademie (1981) begann Gursky sich mit kulturell und gesellschaftlich relevanten Fragen auseinanderzusetzen. Seine erste Werkgruppe (1982-1985) zeigt Pförtner in den Logen von Eingangsbereichen großer Konzerne. (1) Gursky macht mit diesen Bildern die Ambivalenz zwischen Funktion und gesellschaftlicher Stellung deutlich. Diese Männer verfügen über die Macht, Zutritt ins Gebäude zu gewähren oder zu verweigern, sind jedoch zugleich auf der unteren personellen Hierarchiestufe eines Großkonzerns angesiedelt.

Im Anschluß fotografierte er Menschen bei Freizeitbeschäftigungen, etwa Spaziergänger oder Angler. Diese sogenannten »Sonntagsbilder« beschreiben die Lethargie und Langeweile von Menschen, die am Wochenende etwas Abwechslung oder Erholung suchen. Gurskys Bilder bewegten sich schon damals auf einem schwer zu fassenden Grat zwischen Realität und Illusion.

Im Vordergrund steht bei ihm die Auseinandersetzung mit den Themenblöcken Mensch, Arbeit und Freizeit, wobei er selbst Außenstehender bleibt. Gursky weist seinen Bildern stets eine erhabene Perspektive zu. Er fotografiert aus großer Distanz und immer als am Geschehen Unbeteiligter. Scheinbar über den Dingen stehend erfaßt er sie ungerührt, sachlich und mit bestechender Präzision.

Seit 1992 bearbeitet Gursky seine Fotos digital und überschreitet bewußt die Grenzen seines Mediums. Dem Kanadier Jeff Wall vergleichbar, setzt er sich damit über die Determiniertheit der Fotografie hinweg und fügt seine Bilder aus unterschiedlichen Kompositionselementen zusammen. (2)

Die prononcierte kompositorische Gewichtung einzelner Bildteile kennzeichnet auch die inzwischen als »Klassiker« zu bezeichnende Aufnahme *Uni Bochum* (3) (1988), die Studenten auf dem Campus der Ruhr-Universität zeigt. Für Andreas Gursky sind die Menschen sowohl »Träger zeitspezifischer Merkmale als auch zeitlos gültiger Dimensionen.« (4) Die Studenten tragen durch ihre Kleidung wie z.B. Jeans und Sportschuhe signifikante Merkmale der modernen Freizeitgesellschaft. Der Fotograf sieht in ihnen zugleich »unbewußte Kulturträger abendländischer Geschichte - sie sind in Lektüre vertieft und halten unser Gedankengut [...] förmlich in den Händen.« (5) So wie in diesem Bild zeigt Gursky die Menschen häufig in einem Moment des Innehaltens, die Zeit scheint dann für einen Augenblick stehengeblieben zu sein.

Andreas Gursky hat sich von diesen frühen Bildern, die eine noch fast intime Atmosphäre vermitteln, hin entwickelt zu Themen, die die Anonymität einer globalen, in Metropolen lebenden Gesellschaft zeigen, wofür seine Aufnahmen von Musikveranstaltungen oder Handelsbörsen stehen. Gursky geht es stets um die »extreme Akkumulation von Gegenständen und Menschen.«(6)

Analog der Weite seiner Landschaftsbilder fotografiert er Innenräume wie die Börse von Chicago als Hallen mit scheinbar unendlicher Ausdehnung. Sie sind so aufgenommen, daß Wände und Decken weitgehend ausgeblendet sind und gleißendes Kunstlicht die Räume durchflutet.

Wie hier verzichtet Gursky bei seinen Aufnahmen überwiegend auf Bildzentren und komponiert seine Fotos so, daß man stets die Komposition im Ganzen erfaßt. Dabei spielt auch die Wahl des Bildformats eine zentrale Rolle. Großfotos, die Gursky seit Anfang der neunziger Jahre zeigt, erlauben bereits bei der Wahl des Motivs eine andere Rezeptionsweise als die frühen, noch kleinerformatigen Arbeiten, die eine größere Betrachternähe erforderten. Seine Riesenformate ermöglichen sowohl eine Betrachtung aus großer Distanz als auch das unendliche Lesen in zahllosen Details der Nahsicht.

(1) Abbildungen in Ausst.Kat. *Andreas Gursky*, Museum of Modern Art New York 2001, S. 20
(2) Vgl. hierzu ausführlich Frank Wagner, »Fragen an Jeff Wall«, In: *Jeff Wall. Szenarien im Bildraum der Wirklichkeit. Essays und Interviews*, Dresden 1997, S. 329-337
(3) Das Bild mißt 200 x 165 cm
(4) Andreas Gursky in: Ausst.Kat. Zürich u.a. 1992, S. 18
(5) ebenda S. 18
(6) ebenda S. 7

RP

Madonna I, 2001, 281 x 206 cm, C-Print
alle Arbeiten Courtesy Monika Sprüth Galerie, Köln

Shanghai, 2000, 280 x 200 cm, C-Print

99 cent, 1999, 207 x 336 cm, C-Print

Klitschko, 1999, 207 x 261 cm, C-Print

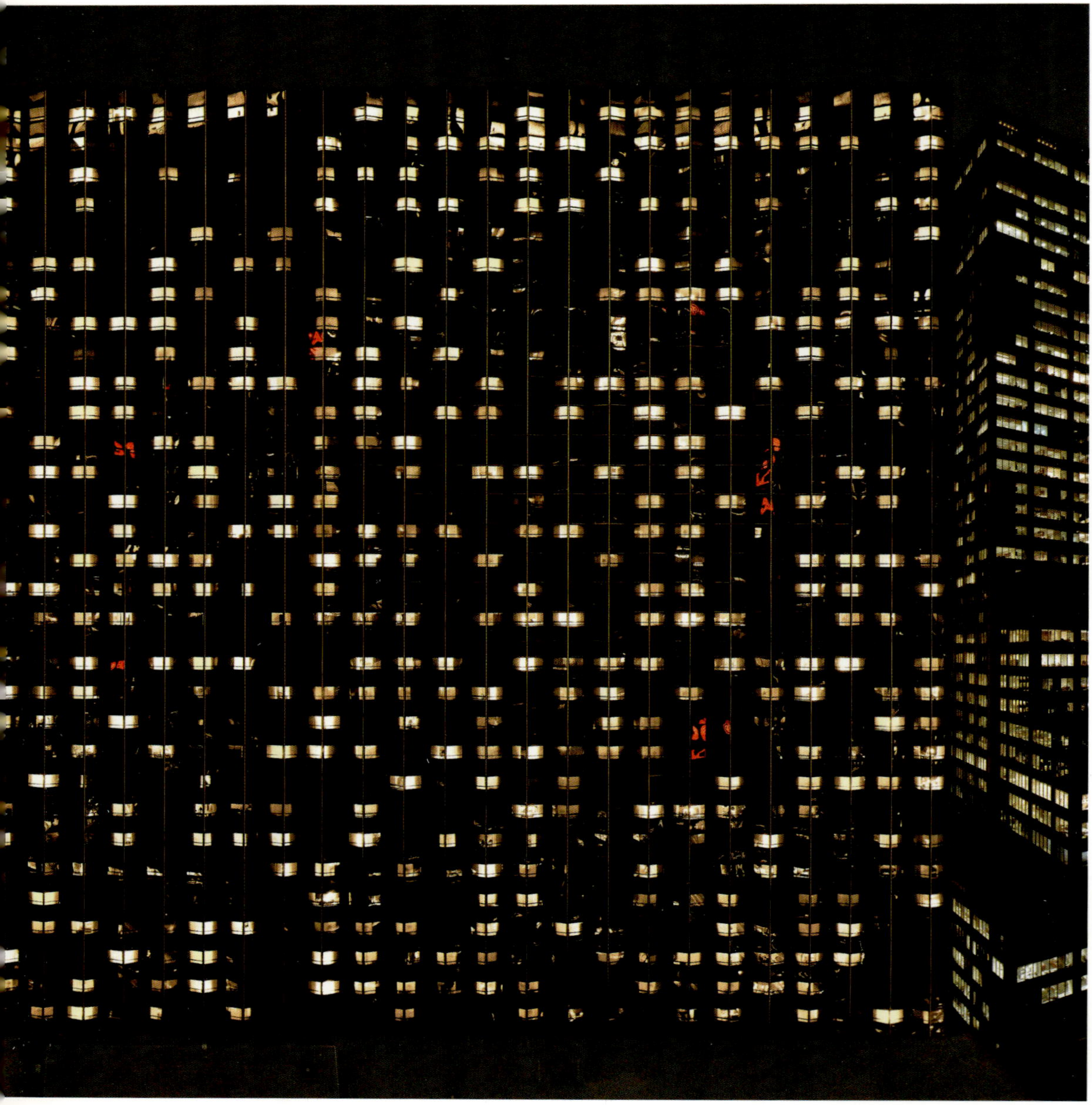

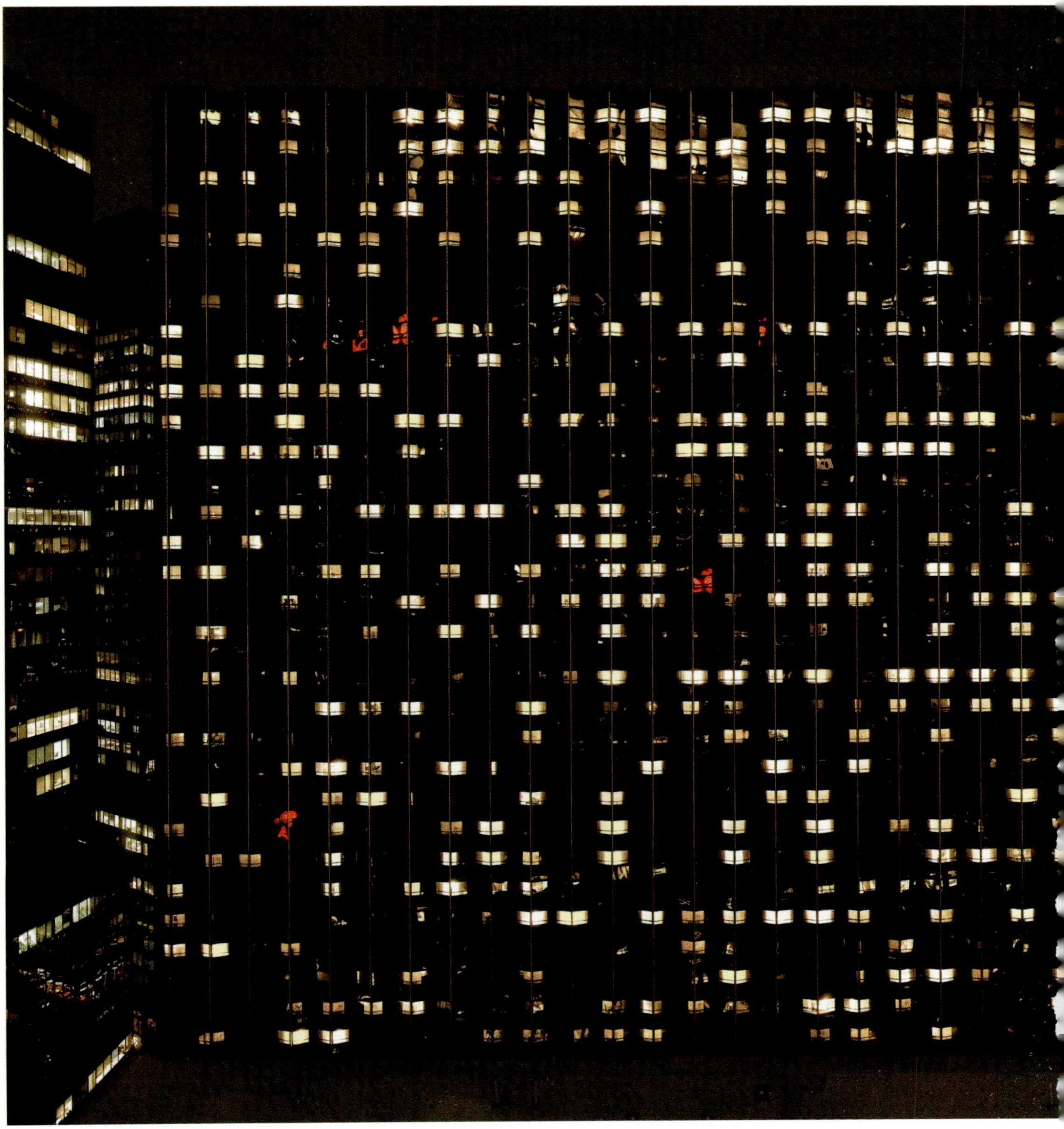

Avenue of the Americas, 2001, 206 x 356 cm, C-Print

Los Angeles, 1999, 205 x 360 cm, C-Print

o.T., 1999, 284 x 207 cm, C-Print

MISCHA KUBALL

1959 geboren in Düsseldorf
lebt in Düsseldorf
1980 Beginn der künstlerischen Tätigkeit

WEITERFÜHRENDE LITERATUR
1994 Synagoge Stommeln, Kulturamt Pulheim, *Mischa Kuball. refraction house*
1997 *Mischa Kuball. project rooms*, Köln 1997
1998 Biennale Sao Paulo, *Mischa Kuball. Private Light/Public Light*
2000 Kunstverein Ruhr, Essen, *Mischa Kuball. Schleudertrauma*
2001 Johanneskirche Düsseldorf, *Mischa Kuball. Ein Fenster*. Eine Dokumentation, hg. v. Thorsten Nolting

Mischa Kuballs zentrales Medium ist das Licht. Dem Künstler zufolge hat es die Fähigkeit, Dinge aufscheinen, aber auch wieder verschwinden zu lassen. So arbeitet er unablässig mit scheinbar endlosen Varianten dieses Mediums, macht Projektionen, Licht-Raum-Installationen (1) und setzt Licht in allen nur denkbaren Erscheinungsformen ein. Kuball arbeitet mit Lampen wie auf der Biennale von São Paulo, wo er Menschen aller sozialen Schichten mit der immer gleichen Leuchte in deren Wohnungen aufnahm (2), oder verwandelt Architekturen wie das ehemalige Mannesmann-Hochhaus in Düsseldorf oder die Synagoge in Stommeln zu eigenständigen Lichtkörpern. Kuball bedient sich auch des natürlichen Tageslichts, wie sein einjähriges Projekt in der Johanneskirche in Düsseldorf gezeigt hat. (3)
Die beiden für die Ausstellung ausgewählten Arbeiten, die Diaprojektion *Metaphases* und Fotografien aus der 107teiligen Serie *Utopie / Black Square 2001 ff.* zeigen beispielhaft Kuballs methodischen Ansatz und sind kennzeichnend für sein gesamtes bisheriges Œuvre. (4)
Bei *Metaphases* hat Kuball Schriftsteller, Philosophen, Wissenschaftler und Künstler aus einem Buch herausfotografiert (5) und projiziert die Bilder nun mittels eines Diaprojektors an die Wand. Vor der Projektionsfläche hängt eine Linse, (6) die die Motive an den übrigen Wänden des Raumes reflektiert und gleichzeitig die ungestörte Betrachtung unterbricht. Anders als bei einem herkömmlichen Fotoabzug, dessen Betrachtungsdauer man üblicherweise selbst bestimmen kann, greift der Künstler hier bewußt in die Rezeption ein, denn er gibt über die Projektionsintervalle nicht nur den Rhythmus der Betrachtung vor, sondern irritiert diese gleichzeitig durch die sich drehende Linse. Damit macht er deutlich, daß sich das Diabild, anders als beispielsweise ein Gemälde oder ein Print, aus Licht konstituiert, und das Bild sozusagen die Entfernung zwischen Projektor und Wandfläche zurückzulegen hat. Die Transformation des Lichtes ist ein entscheidendes Merkmal der Arbeit *Metaphases*, denn bei der Präsentation wird die aus einem Buch abfotografierte Reproduktion über die Lichtprojektion transformiert, und die Portraits werden damit wieder in den Raum zurückgebracht. Das Licht allein kann dabei nichts ausrichten, es muß mit transparentem Material, also mit dem Dia reflektiert werden, erst dann entsteht das ephemere Bild an der Wand.
Für die Werkgruppe *Utopie* hat Kuball Reproduktionen von Gemälden konstruktivistischer Künstler abfotografiert und vergrößert. Dabei sind seine Hände als Verweis auf seine Anwesenheit zum Zeitpunkt der Aufnahme sichtbar. Der breite schwarze Rand, den Kuball um die Fotos legt, wirkt wie ein Raumspiegel. Darin sieht er die Revaluierung des Kunstwerks, was durch sein »Eingreifen« mit den Händen zusätzlich betont wird. Diese sind es auch, die den Betrachter einbeziehen, denn sie geben Informationen über den Abstand zum abfotografierten Bild und evozieren Fragen über die Kamera-Anordnung während der Aufnahme.
Kuball fotografierte Reproduktionen und nicht originale Gemälde, wie die Lichtreflexe des Blitzes und die erkennbare Papierstruktur der Bücher zeigen.
Das schwarze Quadrat, das der Künstler um die Aufnahmen legt, erinnert an das berühmte Gemälde von Malewitsch aus dem Jahr 1915.(7) Damit stellt Kuball die Frage, ob die Gemälde ihr gesellschaftsutopisches Versprechen, das sie zum Zeitpunkt ihres Entstehens vor und während der russischen Revolution gegeben haben, heute noch halten können, oder ob sie längst zu Handelswaren verkommen sind. Es geht in dieser Arbeit also um Bewertung, Umwertung und Neubewertung der konstruktivistischen Bilder.
Metaphases und *Utopie* haben bei aller Unterschiedlichkeit Schnittpunkte. Beide Werke arbeiten mit dem Aspekt von Kontextualisierung und Dekontextualisierung. Interessanterweise kann man hier Analogien zum Werk von Bernd und Hilla Becher feststellen, denn man sieht nicht allein das Objekt und kann sich auf die reine Form konzentrieren, sondern erhält auch Verweise auf den Kontext.
Kuball, der bereits in den siebziger Jahren mit dem Werk der Bechers, Ueckers und von Beuys in Berührung gekommen war und die unterschiedlichen Kunstströmungen in Düsseldorf erlebt hatte, reizt an der Kunst, daß sie alle Ressourcen verknüpfen und die Dimensionen des Psychologischen, des Soziologischen, des Politischen und des Architektonischen einbeziehen und befragen kann. Wenn man dann noch in einem öffentlichen Raum wie im Museum Themenzusammenhänge schafft, die man außerhalb dieser Räumlichkeiten nicht erzielen kann, dann sieht Kuball sein Ziel, Statements abzugeben, erreicht. *Metaphases* und *Utopie* sind demnach in dieser Ausstellung nicht nur autonome Kunstwerke, sie sind auch als Kommentar über und zur zeitgenössischen Kunst zu verstehen.

(1) Vgl. hierzu Armin Zweite, »Mischa Kuball *refraction house*«, in: *Art Projects Synagoge Stommeln Kunstprojekte*, hg. von der Stadt Pulheim, Gerhard Dornseifer u.a., Ostfildern-Ruit 2000, S.77-90.

(2) Mischa Kuball, *Private Light/Public Light, Deutscher Beitrag zur 24. Biennale São Paulo*, hg. von Karin Stempel, Ostfildern-Ruit 1998

(3) *Johanneskirche Düsseldorf, Mischa Kuball. Ein Fenster - Juni 2000 - Juni 2001*, hg. von Thorsten Nolting, Köln 2001

(4) Da Mischa Kuball überwiegend ephemere Arbeiten macht, dient die Fotografie oftmals auch zu Dokumentationszwecken, und die Rauminstallationen sind nur noch über das Fotodokument nachzuvollziehen, wobei diese Fotos meistens von anderen Fotografen erstellt werden.

(5) Die Aufnahmen hat Kuball aus dem Band von Paul Swiridoff, *Portraits aus dem geistigen Deutschland*, Pfullingen 1965, abfotografiert.

(6) Es handelt sich um eine Vergrößerungslinse, die für Fernsehgeräte sehbehinderter Menschen eingesetzt wird.

(7) Das *Schwarze Quadrat* von Malewitsch von 1915 mißt 78,5 x 78,5 cm, Kuballs Bilder messen 100 x 100 cm.

RP

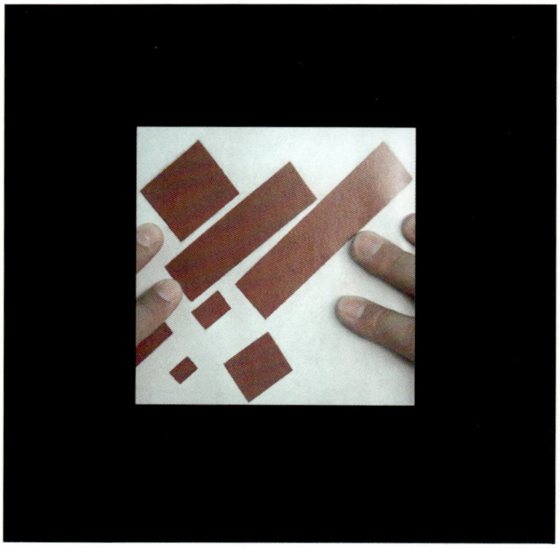

Utopie/Square 2001 ff, 2001/2002,
je 100 x 100 cm, C-Print,
Courtesy Konrad Fischer Galerie & Künstler

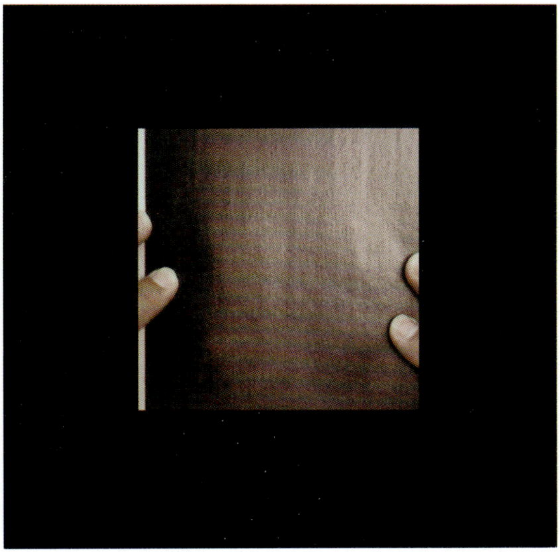

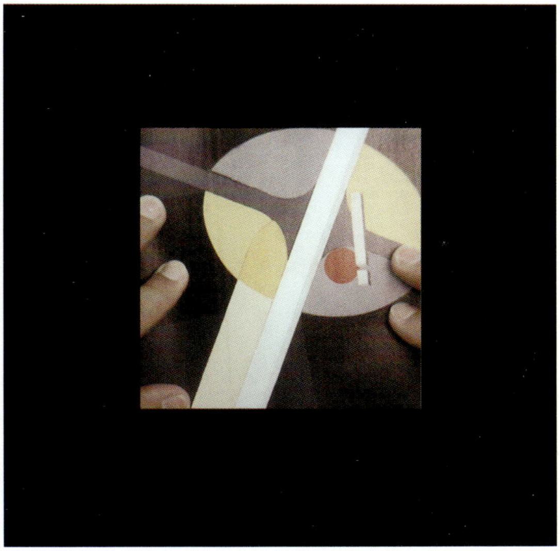

nächste Seite:
Metaphases I, 2001/2002, Doppeldiaprojektion,
je 81 Dias, 2 Projektoren, Maße raumabhängig,
Courtesy Konrad Fischer Galerie & Künstler

CHRISTOPHER MULLER

1966 geboren in Stade
lebt in Düsseldorf
1984-1985 Camberwell School of Arts & Crafts, London
1985-1989 Slade School of Fine Art, London
1991-1993 Staatliche Kunstakademie Düsseldorf (Gasthörer)

WEITERFÜHRENDE LITERATUR
1994 Städtisches Museum Abteiberg Mönchengladbach, *Christopher Muller*
1996 Kunstverein Freiburg, *Christopher Muller*
1997 Kunstmuseum Bonn, *Christopher Muller. Vom Dasein der Gegenstände*
1999 Hagener Kunstverein Karl-Ernst-Osthaus Bund, *Christopher Muller. Fotografien*
2002 *Christopher Muller. seeing things*, Nürnberg 2001

In einem Raum der Londoner Slade School of Fine Art zeigte Christopher Muller 1989 erstmals eine Installation verschiedener Gebrauchsgegenstände. Direkt vor der Wand gesellte sich neben Klapphocker und Schaufel eine Pflanzenschale. Wischmop, Plastikeimer und Becher standen neben Kommode, Zimmerpflanze, Stehlampe und Schirmmütze. Das wertfreie, einer klaren Ordnung folgende Arrangement alltäglicher Objekte ist seither zentrales Thema Christopher Mullers. Die Fotografie als dokumentarisches Mittel seiner Installationen verselbständigte sich innerhalb kurzer Zeit zur Stillebenfotografie. Bildkompositorische Überlegungen finden in der Stillebenmalerei historische Vorläufer, beispielsweise in den Gemälden Jean-Baptiste Siméon Chardins (1699-1779). Die mit äußerster Klarheit und Sparsamkeit gemalten Küchenstücke des französischen Meisters sind von einfachen ästhetischen Vorstellungen geleitet, meiden das Anekdotische und verzichten auf pittoreske Details. Einer neutralen, unhierarchischen Ordnung folgt auch Mullers Dingwelt, die trotz ihrer bestechenden Klarheit zunächst keinen Grund erkennen läßt, weshalb die Gegenstände in der gezeigten Weise versammelt sind.

Die Inszenierung vor hellem und neutralem Hintergrund beschränkt sich auf den wechselseitigen Bezug der Dinge. In der Wahl farbiger Objektdetails sind sie subtil akzentuiert. Ganz beiläufig erzeugen die Alltagsgegenstände gelegentlich humorvolle Brechungen. Beschreibt man Christopher Mullers Gruppenbilder nach ihrer Materialität, sind es vor allem Kunststoff-, Holz- und Chromoberflächen, die miteinander in Dialog treten. Einfache Grundformen wie Zylinder, Quader und Kreis sowie lineare Elemente sind sparsam mit komplexen oder chaotischen Strukturen kombiniert. Gegenstände aus Wohn- und Schlafzimmer, Küche und Bad stehen neben Gartenutensilien und Terrassenmöbeln. In ihrer Nacktheit können die Dinge logisch, absurd, komisch oder auch beiläufig wirken. Aus ihrem Gebrauchskontext gelöst, gehen sie neue Bindungen ein, die von der unterschiedlichen Präsenz der Objekte bestimmt sind. Aber auch der Bekanntheitsgrad der Gegenstände und ihr assoziatives Potential schwingen in der Betrachtung mit. In wechselnden Verbindungen sind die Qualitäten desselben Objekts unterschiedlich gewichtet. Ist das Volumen des zylindrischen Treteimers in *A New Way of Walking* (1991/98) zu einem Hocker in Beziehung gesetzt, entwickelt seine spiegelnde und gebogene Chromoberfläche in *Around my Ears* (2001) eine tiefenräumliche Wirkung.

Raumdetails und eine erkennbare Örtlichkeit spielen seit 1993 eine immer größere Rolle. Vor allem in den Stilleben, in denen Muller mit kleineren Objekten arbeitet, gewinnt das Ambiente an Bedeutung. Je nach Beschaffenheit bildet der Hintergrund den wenig elaborierten oder funktionalen Rahmen für Pharmazeutika, Drogerieartikel oder Schreibtischutensilien. Obst, Gemüse und Blumen, die klassischen Themen des Stillebens, haben in Mullers Bildern keinen Symbolcharakter und werden nur sparsam eingesetzt. Einzelne Gegenstände können ebenso den Ausschlag für eine Bildidee geben wie zufällig beobachtete Konstellationen im privaten und öffentlichen Bereich.

Von den flächigen Verpackungen, deren Schriftzüge in den kleinformatigen Stilleben besonders ins Auge fallen, ist es nur ein kleiner Schritt zu den Collagen, die seit 1997 aus Printmedien und Postkarten sowie selbstgemachten Fotos entstehen. Die oft unzusammenhängenden Bild- und Textinformationen haben Skizzencharakter und erinnern an einen ungeordneten Schreibtisch, wo unterschiedlichstes Material zufällig über- und nebeneinander liegt.

Auch bei den Personenbildern (*Lunch*, 2000) sowie den Arrangements von Gegenständen im Außenraum (*Around the Corner II*, 1999) handelt es sich um Bildmontagen. Entlang einer zentralen, vertikal verlaufenden Achse werden zwei unterschiedliche Bildräume miteinander verknüpft. Muller zielt auch in diesen Werken nicht auf eine symbolische Lesart ab, sondern führt alltägliche Denk- und Ausdrucksschemata, Topoi des menschlichen Zusammenlebens, vor. In der Darstellung geläufiger Sujets und der Verwendung »zeitgemäßer Alltagsartikel« (1) greift Muller immer wieder auf klassische Kompositionsschemata zurück, die beispielsweise schon in der Renaissancemalerei verwendet wurden. (2) Obwohl die Personen in *Lunch* zu verschiedenen Zeiten an unterschiedlichen Orten aufgenommen wurden, suggeriert die Montage, daß das Verhalten der dargestellten Personen aufeinander bezogen ist. Wie schon die Gegenstände der Stilleben kraft ihrer äußeren Erscheinung ein Eigenleben entwickelten, gewinnen die montierten Bildfragmente einen Beziehungsreichtum, der sie gegenseitig belebt. Wie in seinem gesamten Werk geht es Muller auch hier nicht allein um die Abbildung der Realität, sondern um die Formulierung von Aussagen über die Realität mittels realer Personen und Gegenstände.

(1) Rupert Pfab, »Vom Leben der Dinge. Interview Rupert Pfab - Christopher Muller«, Februar 1999, in: *Christopher Muller, Fotografien*, Ausst.-Kat. Karl-Ernst-Osthaus-Bund e.V., Hagener Kunstverein 1999, S. 5

(2) Bereits Piero della Francesca (1415/20-1492) nutzte in der *Geißelung Christi* die Kombination von Innen- und Außenraum, um zusammenhängende, aber zeitlich versetzte Ereignisse in ihrer linearen Folge zur Anschauung zu bringen.

HvdV

Für die folgenden Arbeiten:
Courtesy Rolf Hengesbach - Räume für neue Kunst, Wuppertal und Galerie Monika Reitz, Frankfurt/Main

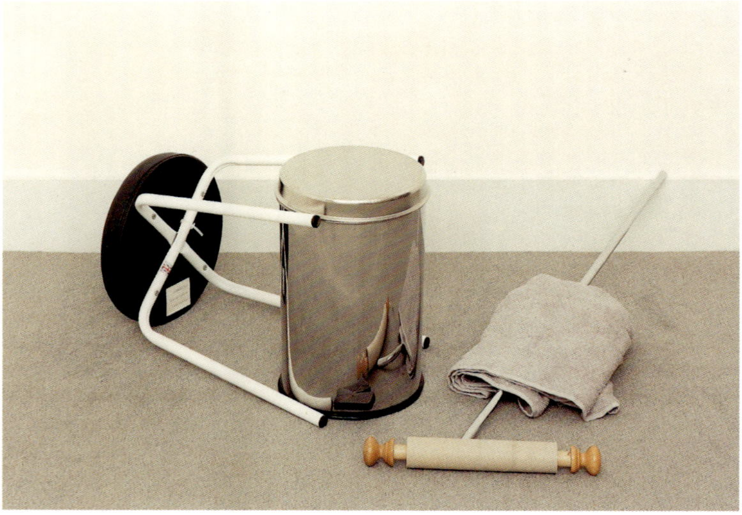

 Around My Ears, 2001, 70 x 103 cm, C-Print

Classical Still Life II, 1999, 86 x 87 cm, C-Print

Unplugged, 1999, 175 x 130 cm, C-Print

The Good Student, 2001, 146 x 124 cm, C-Print

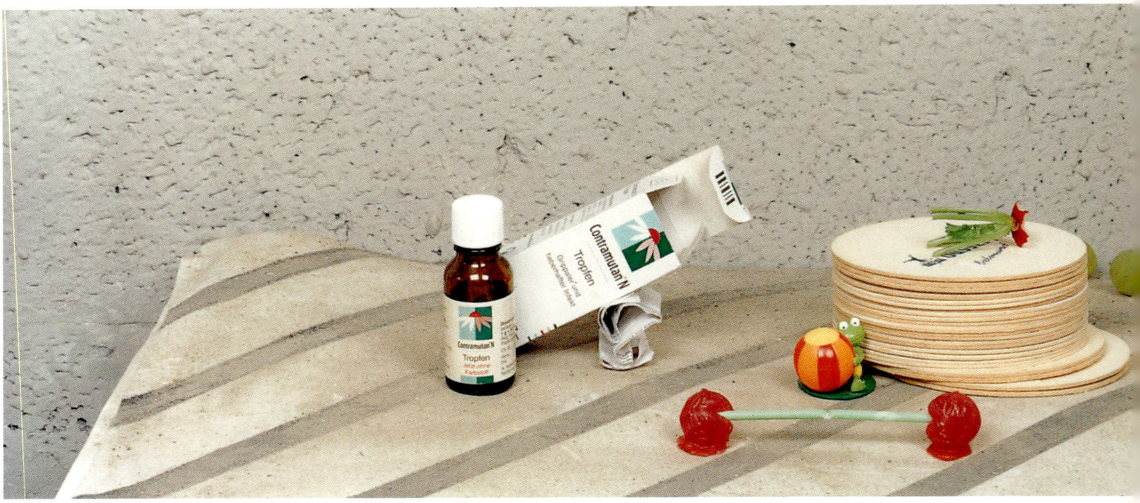

Prince Charming II, 1999, 20 x 76 cm, C-Print

DINGEN

Lunch, 2000, 58 x 118 cm, C-Print

3 Jackets, 2001, 114 x 81 cm, C-Print

In the Box and Out of it, 2000, 86 x 156 cm, C-Print

AXEL HÜTTE

1952 geboren in Essen
lebt in Düsseldorf
1973-1981 Staatliche Kunstakademie Düsseldorf
ab 1976 bei Bernd Becher

WEITERFÜHRENDE LITERATUR

1993 Museum Künstlerkolonie Mathildenhöhe, *Axel Hütte. London: Fotografien 1982-1984*
1997 Fotomuseum Winterthur, Musée-Chateau d'Annecy, *Axel Hütte. Theorea*
2000 Museum Kurhaus Kleve, *Axel Hütte. Fecit*
2000 *Axel Hütte/Cees Nooteboom. Kontinente*, München 2000
2001 Huis Marseille, Amsterdam, *Axel Hütte, As Dark As Light*

Axel Hüttes großformatige Fotoarbeiten aus den vergangenen Jahren konzentrieren sich auf Landschafts- und Architekturmotive. Ausgehend von einem präzise dokumentierenden Aufnahmestil schafft er Bildräume unter künstlerisch autonomen Gesichtspunkten und nutzt die Fotografie als zeitgenössisches Medium im Kontext von Neuakzentuierungen bildnerischer Fragestellungen.
Hierfür beispielhaft sind neben den genannten Themenbereichen auch Arbeiten aus den siebziger und achtziger Jahren, die sich mit dem Thema Portrait auseinandersetzten, oder die jüngere Werkgruppe der Tunnel- und Nachtbilder. Hierbei handelt es sich um Aufnahmen, deren Wirkung an die wesenseigenen Möglichkeiten der Fotografie und ihrer für das menschliche Auge unmöglichen Aufnahmefähigkeiten im Dunkeln geknüpft sind, womit sie weiterführende Aspekte von Wahrnehmung dokumentieren.
Über seinen künstlerischen Ansatz äußerte Axel Hütte in einem Interview, daß ihn »Bilder als Folien für bestimmte Reisen innerhalb des Bildes [reizen], so angelegt, daß der eine in dem Bild so herumreist, während der andere etwas ganz anderes sieht. Beim Betrachten wird mehr oder weniger ein Weg in die mit dem Raum verbundene Abstraktion eingeschlagen. Mir reicht ein Bild mit monochromer Fläche nicht aus. Es sei denn, sie stellt gleichzeitig einen ablesbaren Raum dar. Beispielsweise einen Berghang, den man aber von der Größe nicht abschätzen kann, da keine Bezugspunkte wie Vordergrund oder am Hang erkennbare Objekte [...], die eine Größenrelation zulassen, mehr vorhanden sind. Auf diese Verunsicherung oder Entleerung des Bildes von konkreten Interpretationsansätzen kommt es mir an.« (1)
Bereits in frühen Arbeiten hat Hütte diese »Entleerung« in einer Reihe abstrahierender Architekturmotive thematisiert mit Ausschnitten von Hausfluren, Tiefgaragen oder auch U-Bahn-Stationen. Eine Werkgruppe der achtziger Jahre zeigt hierfür beispielhaft bildraumfüllende, menschenleere Ansichten von gekachelten U-Bahn-Stationen in Berlin. Als Triptychen angelegt, ist auf dem Mittelbild jeweils der Namen der Station zu sehen, der in den Bildtableaus von Axel Hütte allerdings mehr als grafisches Zeichen denn als erläuternder Orientierungspunkt gemeint ist. Auch Schwarzweißfotos von Wohnsiedlungen in London oder Paris, die er neben anderen urbanen Architekturmotiven in den achtziger Jahren aufgenommen hat, betonen einen Blick, der Raumstrukturen und sonstige bildkompositorische Eigenheiten am Beispiel nebensächlicher, jedoch historisch markanter Architekturbeispiele offenlegt.
Schließt man in den Bereich der Architektur technische Konstruktionsbauten ein, so läßt sich hier auch die seit 1996 entstehende Werkgruppe der *Brückenbilder* eingliedern. Ebenso wie die anderen Arbeiten Axel Hüttes sind sie Beispiele für sein kontinuierliches Interesse an künstlerisch autonomen Bildräumen, die von erzählerischen Details weitgehend losgelöst sind. In diesen jüngeren Fotografien, die in verschiedenen Ländern und Kontinenten aufgenommen wurden, zeigt er, über die gesamte horizontal ausgerichtete Bilddimension ausgedehnt, Aufnahmen von Eisen- und Stahlbrücken. Als historische Relikte des Eisenbahnbaus stellen ihre ornamentalen Verstrebungen die Flächenstruktur der Bildausschnitte dar und bestimmen gleichzeitig den Bildaufbau, der die jeweiligen Landschaftsumgebungen durchblicken läßt.
Im Bestreben, »möglichst verschiedene Landschaftsformen zu sehen und möglichst verschiedene Standpunkte und Bildstrukturen zu entwickeln« (2), entstanden zu diesem Motivbereich in den vergangenen Jahren Fotografien von zunächst italienischen Landschaften. In ihrem Aufbau durch Architekturanschnitte und Bildraumstaffelungen geprägt, stellen sie die Dualität von Architektur und Landschaft im abstrahierenden Zusammenspiel vor.
Im Verlauf der neunziger Jahre entstanden daran anschließend farblich und strukturell geprägte ungewöhnliche Ansichten der französischen und schweizer Alpen, des Parnass in Griechenland oder von isländischen Landschaften. Einige der Motive zeigen die Auflösung des Landschaftsausschnitts in Nebelhorizonte, womit Hütte eine Thematik, die auch in der Romantik Sujet der Malerei war, innerhalb der Fotografie neu akzentuiert.
Das Prinzip der bildnerischen Totale, die auf erzählerische Details verzichtet und strukturierende und farbliche Eigengesetzlichkeiten zur Grundlage der Wahrnehmung macht, kennzeichnet auch die jüngsten Landschaftsfotografien Axel Hüttes: monumentale Einzelbilder, die in Europa, Australien, Asien, Südamerika und Afrika entstanden und in horizontalen Bildstreifen Tiefenschichten von Pflanzenvegetationen, Wasseroberflächen und Wüstenfeldern zeigen.

(1) Axel Hütte: »Ein guter Mann aus Hollywood zaubert einfach besser als Cindy Sherman«. Ein Gespräch von Heinz-Norbert Jocks, in: *Kunstforum International* Bd. 142/1998, S. 287
(2) a.a.o., S. 298

BH

Beijing, 1998, 157 x 217 cm, Duratrans

Berlin, Neue Nationalgalerie, 2001, 155 x 235 cm, Duratrans

Düsseldorf, 2001, 135 x 165 cm, Duratrans

JÖRG SASSE

1962 geboren in Bad Salzuflen
lebt in Düsseldorf
1982-1988 Staatliche Kunstakademie Düsseldorf bei Bernd Becher

WEITERFÜHRENDE LITERATUR
1992 Museum Künstlerkolonie Mathildenhöhe Darmstadt, *Jörg Sasse. Vierzig Fotografien 1984-1991*
1996 Kölnischer Kunstverein u.a., *Jörg Sasse. Was man übrigens selten sieht, sind Schwarzweißfotos von Erdbeeren*
1997 Musée d'art moderne de la ville de Paris, *Jörg Sasse*
2001 Kunsthalle Bremen, *Jörg Sasse. Arbeiten am Bild*

Die etwas banal klingende Frage, ob Jörg Sasse Fotograf ist, benennt ein komplexes Thema und ist eine Kernfrage seiner Kunst. Sasse will Bilder schaffen. Dafür nutzt er das Medium Fotografie auf vielfältige Weise. Er fotografiert selbst, arbeitet aber auch mit vorgefundenem Bildmaterial und verarbeitet sowohl eigene als auch Fremdfotos am Computer.

Daß er zunächst die Kamera benutzte, mag Zufall gewesen sein, offenbar aber war sein fotografisches Interesse schon früh vorhanden, wie ein schwarzweißes Polaroidfoto belegt, das einen diagonal aufgenommenen Spielzeuglastwagen auf sehr dominanten Terrassenbodenplatten zeigt, ein Bild, das er bereits als Achtjähriger aufgenommen hatte. Dieses Foto ist in seiner jüngsten Publikation veröffentlicht, und dort äußert er sich auch ausführlich dazu. (1) Unterstellt man also, Sasse habe früh zur Fotografie gefunden und sei, aus welchen Gründen auch immer, dem Medium treu geblieben, so hat man die eingangs gestellte Frage freilich nicht beantwortet. Man mag sich ihr mit dem Ergebnis nähern, das sichtbar ist.

Sasse schafft Bilder. Die Kamera ist ihm als Mittel hierzu recht, aber er benötigt sie nicht zwingend. Es geht ihm darum, ein seinen Vorstellungen entsprechendes ›gutes‹ Bild als Ergebnis an der Wand zu haben. Wie dieses Bild zustandekommt, ist zunächst nicht wichtig.

So entsteht etwas, was schon in der Geschichte der Malerei die Macht der Bilder bestimmte, nämlich eine eigene, bildimmanente Wirklichkeit und damit ein Potential, Wahrnehmungen bereitzustellen, die nirgends in der Wirklichkeit außerhalb der Bilder gefunden werden können. Die Computertechnik ermöglicht es, beliebige, oft winzige Ausschnitte hervorzuheben, Flächen zu verschieben, Bildstellen zu schärfen oder unscharf zu machen, Farben zu verändern oder Kontraste und Konturen zu steigern oder zu verwischen. Auch Hell und Dunkel können einander angeglichen oder in ihrer Kontrastwirkung polarisiert werden. Sasses Bilder zeigen sich als Ergebnisse eines Arbeitsprozesses und verweisen auf sich selbst.

Auch wenn Sasse Fotos verändert, seine Bilder werden immer das Erkennbare mittragen. In seiner Arbeit geht es ihm darum, den Punkt zu bezeichnen, an dem sich das autonome Bild an der Wand mit dem Verweis auf die tatsächlich gewesene Wirklichkeit trifft; der Punkt, an dem der Betrachter meint, etwas erkannt zu haben, das sich im nächsten Moment wieder entzieht. Doch auch bevor Jörg Sasse mit dem Computer arbeitete und noch selbst Aufnahmen machte, ging es ihm bereits darum, »den Versuch zu machen, eine Entsprechung von Wirklichkeit im Bild zu erzeugen, anstatt etwas abzulichten«. (2)

Die erste Werkgruppe, mit der er bekannt wurde, waren die seit 1983 aufgenommenen Schaufenster und privaten Wohnräume, von denen er ungefähr ein Viertel 1992 in einem Buch zusammengefaßt hat. (3)

Alle seine Bilder, sowohl die frühen narrativen als auch die heutigen computergenerierten, eröffnen Assoziationsräume. Sie rufen Erinnerungen an Bilder wach, die man schon gesehen zu haben glaubt.

Das Bild, oder besser gesagt das, was der Betrachter als Bild wahrzunehmen glaubt, konstituiert sich erst über das Wissen um ein bestimmtes Motiv: »Je mehr über das Motiv gewußt wird, desto einfacher fällt es, vom Abbild auf das Motiv zu schließen,« (4) führt Sasse aus. Ihm geht es nicht darum, einen bestimmten Wirklichkeitsbezug herzustellen, vielmehr geht er der Frage nach der Wahrnehmung durch den Betrachter nach, denn die Bilder vollenden sich sozusagen erst durch die Betrachtung. (5)

Die digitale Bearbeitung stellt den vordergründigen Realitätsbezug in Frage und erzeugt ein changierendes Verhältnis zwischen Repräsentation und Fiktion. (6) Die Fotografie selbst und ihre Bedingungen werden thematisiert, somit ist Sasses Werk zwischen Fotografie und Malerei angesiedelt.

(1) Jörg Sasse, »Scheitern«, in: *Jörg Sasse, Arbeiten am Bild,* Ausst.Kat. Kunsthalle Bremen 2001, S. 7

(2) Jörg Sasse im Interview mit Matthias Lange, in: *Pakt # 7,* Sommer 1995, ohne Paginierung

(3) Jörg Sasse, *Vierzig Fotografien 1984-1991,* Darmstadt 1992

(4) Jörg Sasse »(un)sichtbar«, in: Gerda Breuer u.a., (Hg.), *Außenhaut und Innenraum. Mutmaßungen zu einem gestörten Verhältnis zwischen Photographie und Architektur,* Frankfurt/M. 1997, S. 72

(5) Jörg Sasse in seinem Vortrag »Über Fotografie«, den er in seiner Ausstellung im Kölnischen Kunstverein am 19.9.1996 gehalten hat

(6) Iris Cramer, in: *Das Versprechen der Fotografie, Die Sammlung der DG Bank,* Frankfurt/M. 1999, S. 300

RP

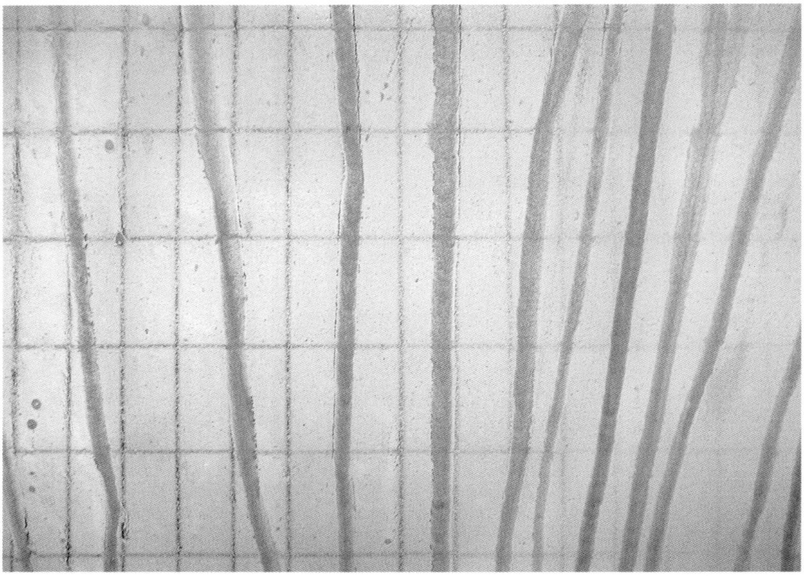

2439, 2001, 86 x 120 cm, Leihgabe Lehmann Maupin, New York

8626, 1999, 101,9 x 159,6 cm

8246, 2000, 103,3 x 160 cm, Leihgabe Lothar Schirmer, München

8714, 1999, 49,7 x 80 cm

 9994, 2001, 120 x 200 cm, Courtesy Mai 36, Zürich

4687, 2000, 101,8 x 220,3 cm

8298, 2000, 98,7 x 160 cm, Leihgabe Teresinha und Tom Schönauer, Düsseldorf

KATHARINA SIEVERDING

1944 geboren in Prag
lebt in Berlin und Düsseldorf
1963-1964 Hochschule für Bildende Künste, Hamburg
1964-1972 Staatliche Kunstakademie Düsseldorf bei Joseph Beuys

WEITERFÜHRENDE LITERATUR

1977 Museum Folkwang Essen, *Katharina Sieverding. Grossfotos I-X/75-77*
1987 Badischer Kunstverein Karlsruhe, *Katharina Sieverding. Kontinentalkern 1978-87*
1997 XLVII. Biennale di Venezia 1997, Deutscher Pavillon, *Katharina Sieverding*
1997 Kunstsammlung Nordrhein-Westfalen, Düsseldorf, *Katharina Sieverding. 1967-1997*
2002 Casa di Goethe, Rom, *Katharina Sieverding. Metamorphosen der Evolution*

Katharina Sieverdings weit über dreißig Jahre umspannende Werkgeschichte setzt zu einer Zeit ein, als Fluxus, die Pop, Minimal und Conceptual Art dabei waren, neue Formen des künstlerischen Denkens und Arbeitens zu etablieren. Nicht nur die Abkehr von den als restriktiv empfundenen Parametern eines modernistischen Malerei- und Skulpturbegriffs, sondern auch die Auseinandersetzung mit der wachsenden gesellschaftlichen Bedeutung der bildproduzierenden (Medien-) Industrie sollten eine grundlegende Revision des strukturell hierarchischen Verhältnisses von AutorInnenschaft, Werk und BetrachterInnensubjekt vorantreiben. In welchem Maße Sieverdings Arbeiten von der post-avantgardistischen Neubewertung des künstlerischen Prozesses durchdrungen sind, die sich parallel zum Entstehen sozialer Bewegungen in den sechziger und siebziger Jahre vollzieht, vermag ihr Interesse am spezifischen Vermittlungspotential von Fotografie zu belegen. So waren es nach Auskunft der Künstlerin der dramatische Verlauf der Proteste gegen den Schah-Besuch im Juni 1967 und die anschließend von ihrem Lehrer Joseph Beuys gegründete Deutsche Studentenpartei, welche sie dazu veranlaßten, mit der Kamera auf die Straße zu gehen und die damaligen Ereignisse zu dokumentieren. Die nachts entwickelten Aufnahmen wurden nach dem Modell der Wandzeitung an die Fassade der Düsseldorfer Akademie geklebt und täglich ausgetauscht. Es handelte sich also um eine an den Moment und sozialen Kontext ihrer Entstehung gebundene Form der Berichterstattung, die die damals verbreitete Idee der Aufklärung durch weitgehend ungefilterte Information und Kommunikation aufgriff.

Grundsätzlich läßt sich sagen, daß auch alle späteren, zumeist zu Werkblöcken zusammengefaßten Arbeiten Katharina Sieverdings auf zeitspezifische gesellschaftspolitische Ereignisse und Phänomene reagieren. Ein erstes Beispiel ist die in verschiedenen Installationsmedien präsentierte Arbeit *Transformer* (1973/74). In vertikalen Filmstreifen angeordnet besteht die Arbeit aus einer schier endlosen Anzahl übereinandergeblendeter männlicher und weiblicher Gesichter. Die Serie läßt sich als Travestie deuten – sowohl hinsichtlich damaliger feministischer Differenzdiskurse als auch hinsichtlich der Repräsentation von (Geschlechter-) Identität in den tradierten Konventionen des Portraitgenres. Eine solche Interpretation liegt auch angesichts ihres von Jack Smith und anderen homosexuellen Undergroundfilmern beeinflußten Films *Life-Death* (1969) nahe, den sie gemeinsam mit Transvestiten gemacht hat und der auf der »documenta V« (1972) gezeigt wurde. Entlang der Verbindungslinie von Undergroundkino und Geschlechterthematik erklärt sich auch das mit konzeptiver Redundanz verwendete Selbstportrait im Werk von Katharina Sieverding, insofern es die kulturhistorisch verankerte Identität von Bild und passiver Weiblichkeit durch das selbstermächtigende Ins-Bild-Setzen der eigenen Person aufbricht. Gleichwohl beschränken sich Werkblöcke wie *I-VII* (1973), *Nachtmensch* (1982) oder *Weltlinie* (1998) nicht auf eine vordergründige Umkehrung von Geschlechterstereotypen. Ebensowenig plazieren sich die bewußt ästhetisierten und sexualisierten *Close Ups* in einem Außerhalb kulturell bzw. medial codierter Rollenmodelle. Stattdessen arbeiten sie die identitätsbildende Wechselwirkung von »Narzißmus« und »(Selbst)Entfremdung« in den zum Einsatz gebrachten technischen Apparaturen wie dem des Fotomatons oder Verfahren wie das der Solarisation heraus. Aus dieser Warte betrachtet zeugen Sieverdings Selbstportraits von der strukturellen Verwobenheit performativ gedachter (Geschlechter-)Identität mit dem Auge des imaginär auf die eigene Person gerichteten Kamera-Objektivs. Das dem Endprodukt Foto aufprojizierte (Selbst-)Bild verschmilzt mit diesem zu einer quasiphysischen Oberfläche, die sich dem/der BetrachterIn als eine buchstäblich »objektive« Bedingung eines intersubjektiven »durch-das-Bild-Sehen-und-Gesehen-Werdens« mitteilt.

Während Sieverding die identifikatorischen Affekte der Fotografie im Motiv des Selbstportraits gleichsam »verhärtet«, wendet sie sich in anderen Werkblöcken jenen der menschlichen Wahrnehmung entzogenen physischen Phänomenen zu, die an der Konstruktion einer individuellen Körperidentität teilhaben. Die 1992 in der Berliner Nationalgalerie gezeigten *Kristallisationsbilder* und die 1997 anläßlich der Biennale Venedig entstandenen *Steigbilder* stellen eine Analogie her zwischen medizinischen Techniken der Sichtbarmachung wie Blutbilderkennung durch Kupferchlorid bzw. kapillaren Steigbildmethoden und fotografischen Verfahren. Die Weise jedoch, wie Katharina Sieverding die Kristallisationsbilder mit Selbstportraits kombiniert, ist ein signifikantes Beispiel für ihren zwischen Faszination und Kritik situierten Umgang mit der Macht moderner Visualisierungstechnologien, die das Feld des Nicht-Sichtbaren kolonisieren und der rationalistischen Logik des Optischen unterwerfen. So lehnt Sieverding nach eigenem Bekunden »neue Techniken der Identitätsmarkierung« wie etwa den genetischen Code ausdrücklich ab. Ihre intensive Beschäftigung mit der politischen Dimension neuer Technologien kommt in *Norad* (1980) und *Kontinentalkern* (1983) zum Tragen, die das von Becquerel entdeckte Verfahren der Radiographie mit historischen Aufnahmen von der Zerstörungskraft der Atombombe kombinieren. Darum bemüht, die Möglichkeiten des Fotografischen zu erweitern, ist es vor allem der Film, der in Katharina Sieverdings Arbeit eine große Rolle spielt. Der Werkblock *Motorkamera* (1974) und die *Großfotos I-X* (1975-1977) markieren solche Schnittstellen. Die Fernauslösetechnik der Motorkamera erlaubte es, die sukzessiv aufgenommenen Bilder im Sinne eines filmisch gedachten Kontinuums zu konzipieren. Während *Motorkamera* aus der Addition zahlloser Einzelbilder besteht, ist es das Prinzip der *Großfotos*, diese in einer einheitlichen »Totalen« zu synthetisieren. Entsprechend läßt sich die serielle Verwendung von Großformaten als Multiplizierung der Kinoleinwand und somit als eine den sequentiellen Montagen heterogener Bildmotive analoge Trägerstruktur deuten. Schließlich wirken auch die in den Bildtafeln erscheinenden Sätze wie eingeblendete Untertitel, denen zugleich die Funktion zukommt, der immer mächtigeren Rolle des (medialen) Bildes durch die gesellschaftskritische Positionierung derer entgegenzutreten, die an ihrer (Re-)Produktion teilhaben. SB

Großfotos I-X / 1975-1977, Museum Folkwang Essen, 1977

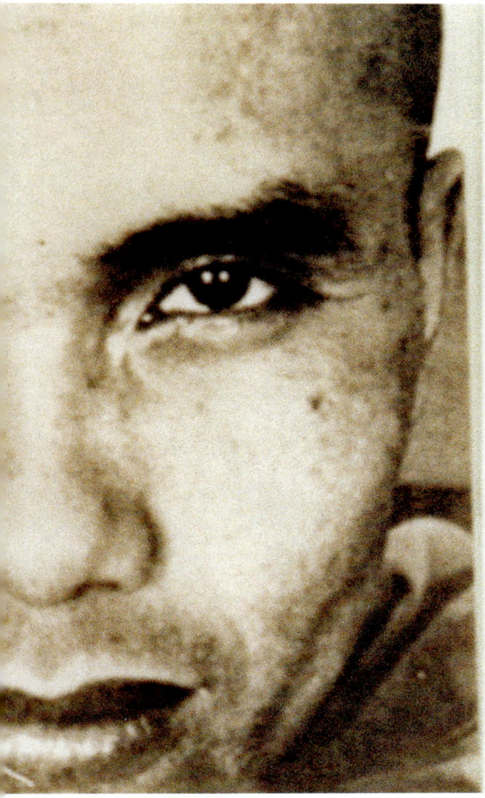

nachfolgende Abbildungen:
G.Z. 2001/02, 2002, 300 x 1000 cm, D/C Print

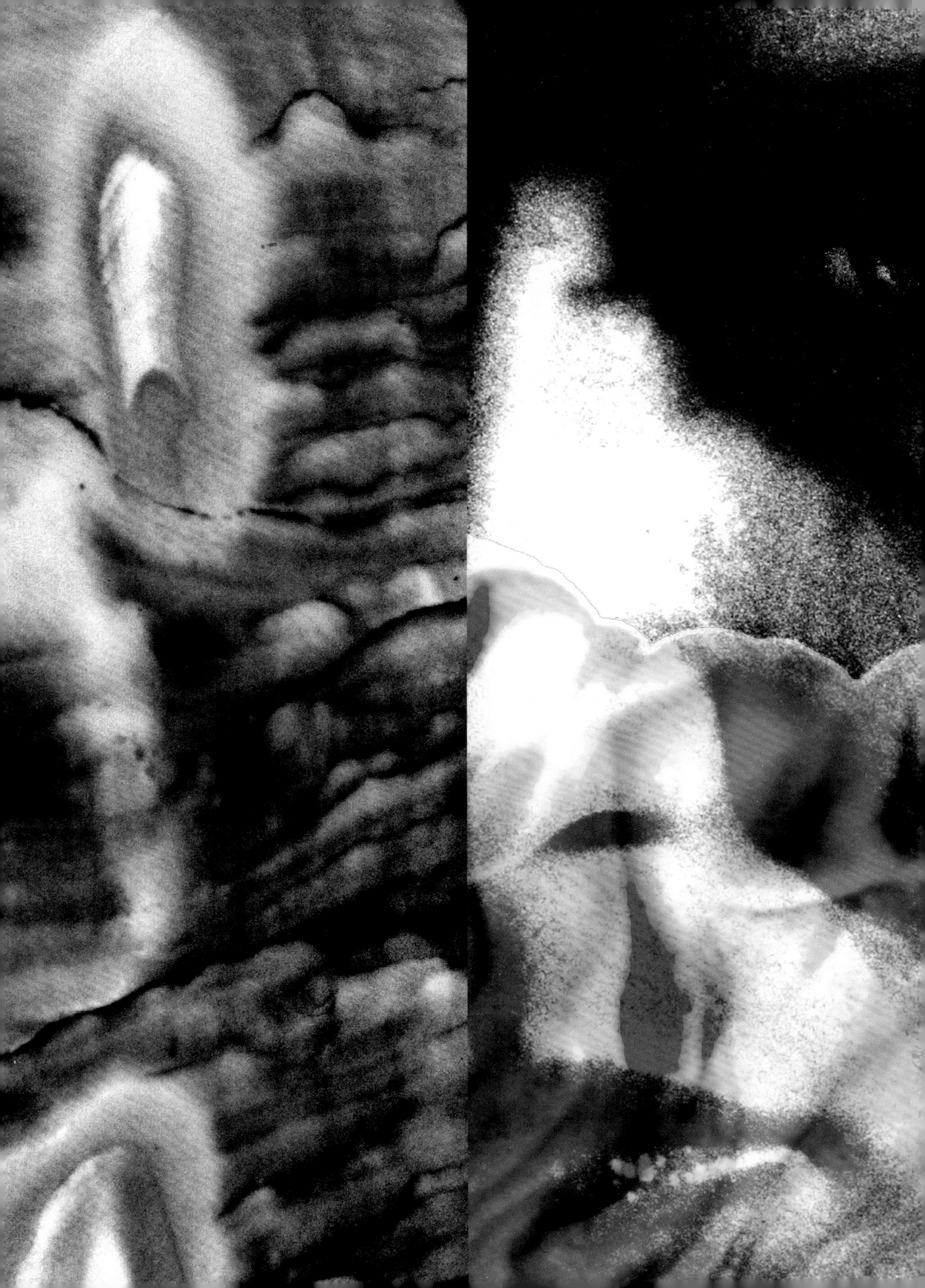

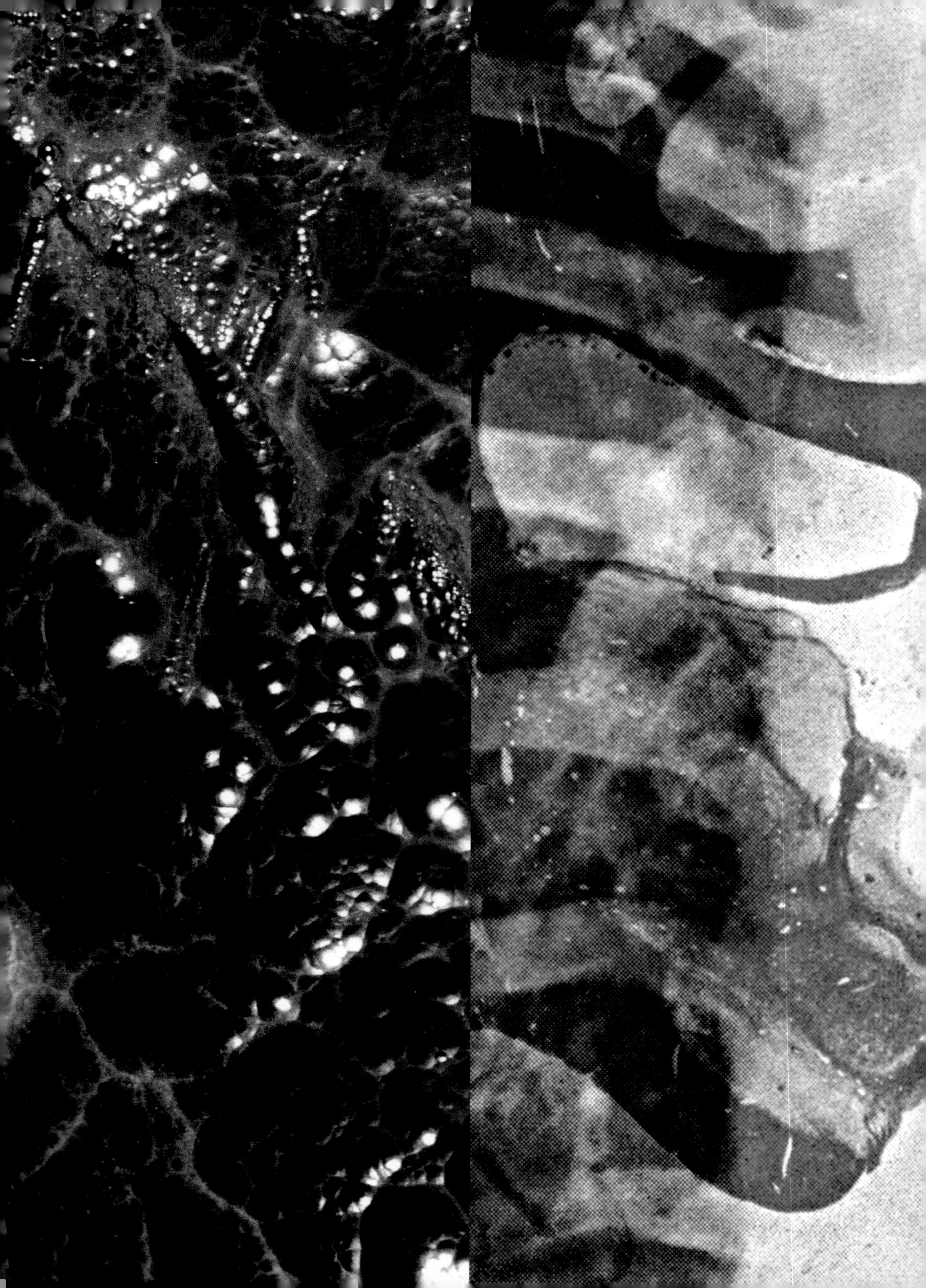

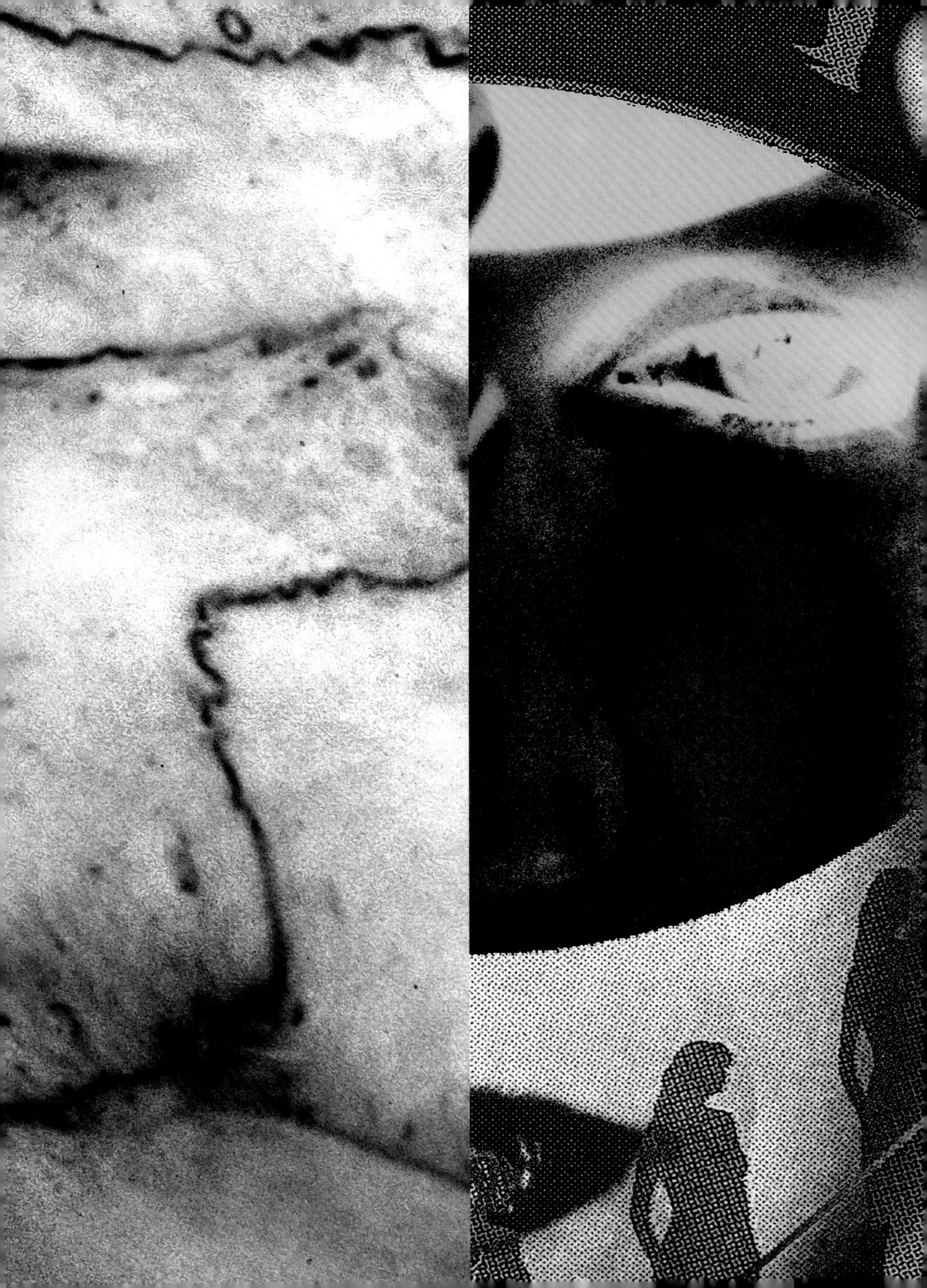

CANDIDA HÖFER

1944 geboren in Eberswalde
lebt in Köln
1973-1982 Staatliche Kunstakademie Düsseldorf
1973-1976 Film bei Ole John
1976-1982 Fotografie bei Bernd Becher

WEITERFÜHRENDE LITERATUR
1992 Portikus, Frankfurt a.M., *Candida Höfer. Räume/Spaces*
1993 Hamburger Kunsthalle, *Candida Höfer. Zoologische Gärten*
1999 Photographische Sammlung/SK Stiftung Kultur, Köln, *Candida Höfer. Orte Jahre. Photographien 1968-1999*
1999 Kunsthalle Basel, *Candida Höfer. Leseräume*
2001 Musée des Beaux-Arts de Calais, *Candida Höfer. Douze - Twelve*

Bevor Candida Höfer in den Jahren 1973-82 an der Düsseldorfer Kunstakademie zunächst Film bei Ole John, dann Fotografie bei Bernd Becher studierte, hatte sie bereits als freie Fotografin gearbeitet, ein Volontariat in einem Kölner Fotoatelier absolviert und die Fotografieklasse der Kölner Werkschulen besucht. In den Jahren 1970-72 beschäftigte sie sich in Hamburg als Mitarbeiterin in einem Fotostudio mit der Rekonstruktion von Daguerreotypien.

Prägend für ihre künstlerische Weiterentwicklung wurde die Auseinandersetzung mit den fotografischen Arbeiten von Bernd und Hilla Becher während ihres Studiums an der Düsseldorfer Kunstakademie, wo 1976 die Fotoklasse unter der Leitung von Bernd Becher gegründet worden war. Der hier vermittelte und im Werkkontext der Bechers eingesetzte Umgang mit der Fotografie basiert auf dem Zusammenwirken eines sachlich-dokumentarischen Aufnahmestils als formalem Ausgangspunkt für ausgewählte Bildmotive oder typologische Motivreihen, die einem Konzept unterliegen. Einerseits geben diese inhaltlich Aufschluß über kulturhistorische Zusammenhänge, andererseits betonen sie je nach künstlerischem Ansatz in eigenständiger Weise bildnerische Momente, wobei Format und Rahmung der Fotografien häufig im Hinblick auf die ästhetisch autonomen Bildqualitäten eingesetzt sind.

Nach frühen Schwarzweiß-Fotografien, die Ende der sechziger Jahre in Liverpool entstanden sind, beschäftigte sich Candida Höfer in den siebziger Jahren in einer Bildserie mit dem Thema *Türken in Deutschland*. Aus diesem Projekt ging 1975 eine Diaprojektion und eine Reihe von Schwarzweiß-Fotografien hervor. Ende der siebziger Jahre erweiterte sie das Projekt um die parallel inszenierte Dia-Installation *Türken in Deutschland / Türken in der Türkei*. Bereits in diesen frühen Werkgruppen lassen sich formale Elemente erkennen, die auch für die späteren, dann meist menschenleeren Raumansichten Candida Höfers von Bedeutung sind und ihre Vorliebe für strukturelle Elemente und Detailbesonderheiten in Innenräumen erkennen lassen. Auch die 1996 entstandene Dia-Installation *80 Pictures*, in der Fotografien von Orten, Räumen und Situationen aus den Jahren 1970-84 in der alternierenden Abfolge mit strukturierenden Begriffen vorgestellt werden, läßt Bezüge zu dem sich in kontinuierlich weitergeführten Themenkomplexen und Werkgruppen entwickelnden Hauptthema, den Ansichten öffentlicher und halböffentlicher Räume, herstellen. (1)

Candida Höfers Innenaufnahmen von Museen, Universitäten, Bibliotheken und Foyers öffentlicher Gebäude, wozu auch die 2001 entstandenen Ansichten vom *Haus des Rundfunks Berlin* gehören, dokumentieren in ästhetisch eigenständiger Weise Aspekte unseres soziokulturellen Lebens und historischen Selbstverständnisses.

Hierzu zählt auch die Anfang der neunziger Jahre begonnene Werkgruppe der *Zoologischen Gärten* – ein Thema, das die Künstlerin ebenso kontinuierlich weiterverfolgt wie ihre Innenaufnahmen. Obwohl sie bei der Wahl ihrer Bildmotive zunächst von einem scheinbar dokumentarischen Ansatz ausgeht, geht es Candida Höfer nicht um Dokumentation im objektiv repräsentativen Sinne.

Anders als Bernd und Hilla Becher, die ihre typologisch angelegten Schwarzweiß-Aufnahmen von Relikten der Industriearchitektur von einem entfernt liegenden, zentralperspektivischen Standpunkt aufnehmen, wählt Candida Höfer für ihre Farbfotografien unterschiedliche Blickwinkel, die eine individuelle Sicht auf die jeweilige räumliche Situation betonen und dabei ästhetische, erzählerische und atmosphärische Besonderheiten hervorheben.

(1) Zur Werkentwicklung Candida Höfers siehe die Publikation: *Candida Höfer Orte Jahre. Photographien 1968-1999*, hg. von der Photographischen Sammlung/SK Stiftung Kultur, Köln, München 1999

BH

Haus des Rundfunks Berlin II, 2001, 85 x 85 cm, C-Print

Haus des Rundfunks Berlin III, 2001, 85 x 85 cm, C-Print

Haus des Rundfunks Berlin I, 2001, 85 x 85 cm, C-Print

Haus des Rundfunks Berlin V, 2001, 85 x 85 cm, C-Print

Haus des Rundfunks Berlin IX, 2001, 85 x 85 cm, C-Print

Haus des Rundfunks Berlin VII, 2001, 85 x 85 cm, C-Print

THOMAS RUFF

1958 geboren in Zell a. H./ Schwarzwald
lebt in Düsseldorf
1977-1985 Staatliche Kunstakademie Düsseldorf bei Bernd Becher

WEITERFÜHRENDE LITERATUR
1989-1990 Stedelijk Museum Amsterdam u.a., *Thomas Ruff. Porträts Häuser Sterne*
1991 Bonner Kunstverein u.a., *Thomas Ruff*
1995 Biennale Venedig, *Thomas Ruff. Andere Porträts +3D*
1996 Rooseum, Center for Contemporary Art, Malmö, *Thomas Ruff*
2001 Staatliche Kunsthalle Baden-Baden u.a., *Thomas Ruff. Fotografien von 1979 - heute*

Mit aufgelösten Grundrissen, weit ausgreifenden Mauern und klaren Architekturformen revolutionierte Ludwig Mies van der Rohe die Wohnhausarchitektur in den zwanziger Jahren des vergangenen Jahrhunderts. In den breit gelagerten kubischen Baukörpern von Haus Lange und Haus Esters in Krefeld kündigt sich die radikale Erneuerung der Moderne bereits an, wenn auch ein bürgerliches Raumprogramm und der rote Backstein noch traditionell wirken. Nachdem heute vor Ort hochgewachsene Bäume die Sicht behindern, greift Thomas Ruff in seiner Serie *l.m.v.d.r.* (1999-2001) auf Archivmaterial zurück und setzt auch konventionelle Fotografie sowie am Computer bearbeitete Bilder ein. »Im Vollbesitz ihrer technischen Möglichkeiten« (1) lotet Ruff die verschiedenen historischen und zeitgenössischen Verfahren der Fotografie aus und greift auch Genres und Techniken auf, die von ihm in früheren Serien verwendet wurden. Insofern liest sich die Serie mit Ansichten und Interieurbildern der Privat- und Flachbauten Mies van der Rohes wie ein Resümee von Ruffs eigenem fotografischen Œuvre: Die Innenansichten *(h.t.b. 10)* erinnern an die Interieurbilder, die er gegen Ende der siebziger Jahre in Wohnungen von Verwandten im Schwarzwald machte. Die sachlich-distanzierte Architekturbetrachtung seiner *Häuser* (1987-1991) klingt hier ebenso an wie die gerasterten *Zeitungsfotos* (1991), die Ruff über zehn Jahre gesammelt, von Text befreit und in doppelter Größe reproduzierte. Mußte bei den *Häusern* noch am Negativ retuschiert werden, um sie von ihrem Kontext isoliert zeigen zu können, wird die digitale Bildbearbeitung in *l.m.v.d.r.* zum zentralen Gestaltungsmittel. Gebleicht und anschließend großflächig koloriert, erscheint Haus Esters *(h.e.k. 02)* merkwürdig artifiziell.
Frontalität, Detailgenauigkeit und gleichmäßige Ausleuchtung sind Attribute, die bereits für Ruffs wohl bekannteste Werkreihe, die *Porträts*, charakteristisch waren. Von 1986 bis 1991 fotografierte er vor neutralem Hintergrund Gesichter überwiegend befreundeter Künstlerinnen und Künstler. In der dreifachen Vergrößerung wird »das Bild so wichtig wie die dargestellte Person, weil es nicht nur diese darstellt, sondern gleichzeitig einen bestimmten Typ oder Standard von Fotografie verkörpert« (2). Der im täglichen Umgang mit Bildern geprägte Rezeptionskontext, d.h. die gesellschaftliche Konvention, der das jeweilige Genre verhaftet ist – wie die Aspekte der Wiedererkennbarkeit, Dokumentation oder Erinnerung – fließen in das Bild ein. Das Paßfoto wird in den *Porträts* ebenso mitgelesen, wie die Postkarten von Neubauten aus den fünfziger Jahren in den Fotos der Häuser. Dies gilt auch für die Berichterstattung im Fernsehen während des Golfkriegs 1991, die in den grünen Nachtbildern rezipiert wird. Die *Anderen Porträts* (1995), die sich aus zwei übereinander montierten Gesichtern konstituieren, sind von polizeilichen Fahndungsfotos angeregt.
Bei allen Werkreihen folgt Thomas Ruff konsequent der Serie, indem er sich unter formal ähnlichen, aber leicht variierten Bedingungen Modell, Architektur oder Bildvorlage nähert. Angesichts der obsoleten Vorstellung vom Bild als Authentizitätsbeweis charakterisiert Thomas Ruff seine Fotografien als »Dokumente des Unglaubens«. Wenn Ruff mit Gebrauchsfotografie und den verschiedenen historischen wie aktuellen Bildgenres arbeitet, geht es ihm nicht um den Entwurf einer Typologie, sondern um die Frage nach der »gesellschaftlichen Determiniertheit« (3) von Fotografie.
In seinen aktuellen Serien arbeitet Ruff mit Motiven, die im Internet massenhaft verbreitet sind. Pornographische Bilder sind Ausgangspunkt der *Nudes*, deren grobe Körnung das Sujet unscharf wiedergibt. Angesichts der zahllosen Möglichkeiten, die die digitale Bildbearbeitung und die Verfügbarkeit von Bildern durch das Internet bieten, tritt bei Ruff die Originalvorlage zunehmend in den Hintergrund.

(1) Julian Heynen, »Oberfläche als Metapher«, in: *Thomas Ruff. Porträts.* Ausst.Kat. Museum Schloß Hardenberg, Velbert, Köln 1988, S. 50
(2) Thomas Ruff, in: *Thomas Ruff. Andere Porträts + 3D.* Ostfildern 1995, S. 10
(3) Marc Freidus, »Fehlender Glaube. Thomas Ruff«, in: *Parkett* 28/1991, S. 72.

HvdV

a.s.b.01, 2001, 185 x 240 cm, C-Print
Alle Arbeiten Courtesy Galerie Johnen & Schöttle, Köln

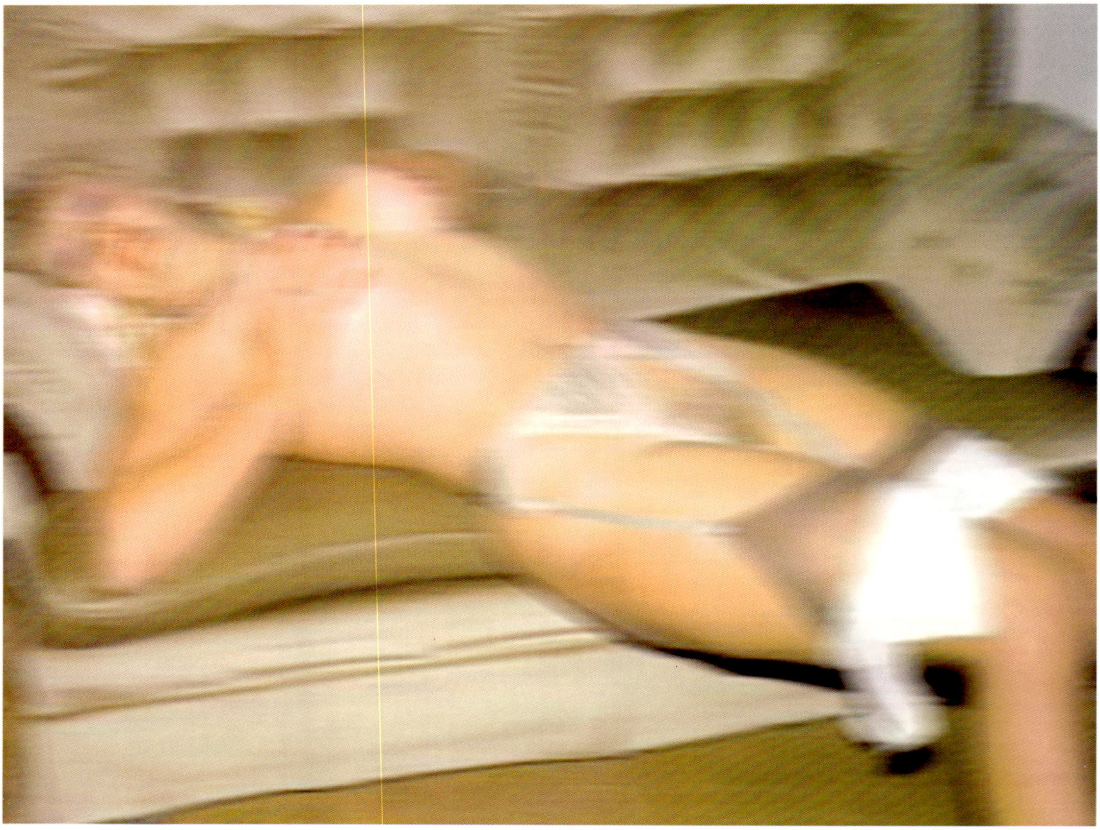

nudes gd03, 2001, 112 x 142 cm, Chromogener Farbabzug mit Diasec face kaschiert

h.r.p.01, 2001, 95 x 125 cm, Lambdaprint

h.e.k.03, 2000, 210 x 165 cm, C-Print

h.u.p.01, 2000, 185 x 235 cm, C-Print

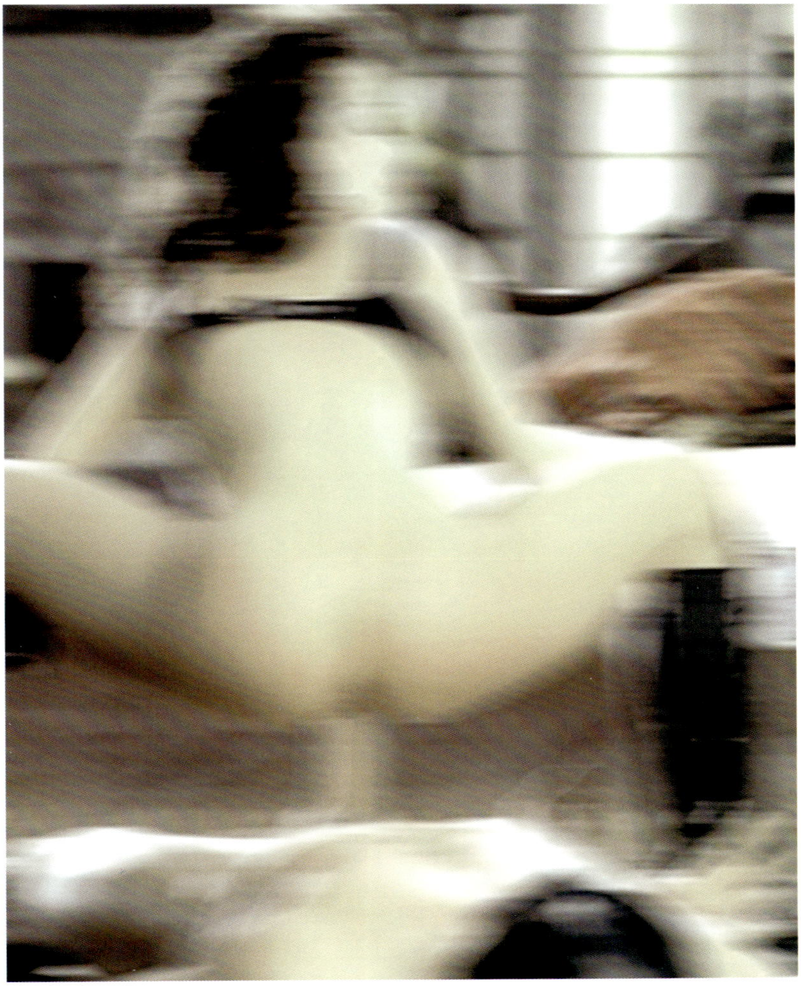

nudes vn09, 2001, 151 x 112 cm, Chromogener Farbabzug mit Diasec face kaschiert

BERND UND HILLA BECHER

BERND BECHER 1931 geboren in Siegen
1953-1956 Staatliche Kunstakademie Stuttgart
1957-1961 Staatliche Kunstakademie Düsseldorf

HILLA BECHER 1934 geboren in Potsdam
Ausbildung zur Fotografin
1958-1961 Staatliche Kunstakademie Düsseldorf
leben in Düsseldorf

WEITERFÜHRENDE LITERATUR

1970 *Bernd und Hilla Becher. Anonyme Skulpturen. Eine Typologie technischer Bauten*, Düsseldorf 1970
1975 Rheinisches Landesmuseum Bonn, *Bernd und Hilla Becher. Photographien 1957-1975*
1977 Biennale Sao Paulo, *Bernd und Hilla Becher. Typologien industrieller Bauten 1962-1975*
1981 Stedelijk van Abbe Museum Eindhoven, *Bernd und Hilla Becher*
1994 *Bernd und Hilla Becher. Grundformen*, München 1994
1999 Bernd und Hilla Becher. *Silo für Kokskohle, Zeche Hannibal, Bochum-Hofstede, 1967*, Frankfurt a.M. 1999

Das Œuvre des Künstlerpaares Bernd und Hilla Becher ist geprägt durch Kontinuität. Seit Jahrzehnten bestimmt sich die Thematik ihrer Fotografie durch die fast obsessive Beschäftigung mit den technischen Zeugnissen der industriellen Arbeitswelt. Die Bechers setzen die Architektur der Fördertürme, Gasbehälter, Wasser- und Kühltürme, Silos, Schachtanlagen und anderer Großgeräte und Industriebauten in äußerst präzisen, größtmögliche Sachlichkeit suggerierenden Schwarzweiß-Aufnahmen ins Bild. Mit einem geradezu enzyklopädischen Eifer haben sich die Künstler der Aufgabe verschrieben, die industrielle Wirklichkeit im Medium der Fotografie zu archivieren.

Die Bechers fanden auf Umwegen zur bildenden Kunst. Hilla Becher (geb. 1934 als Hilla Wobeser) absolvierte zu Beginn der fünfziger Jahre zunächst eine Ausbildung als Fotografin in Potsdam, anschließend war sie längere Zeit in der Werbung tätig. 1957 siedelte sie nach Düsseldorf über, um ein Kunststudium an der Akademie aufzunehmen, wo sie auch eine Fotoabteilung einrichtete.

Bernd Becher (geb. 1931) absolvierte zunächst in seiner Heimatstadt Siegen eine Ausbildung zum Dekorationsmaler. Darauf folgte von 1953 bis 1956 ein Studium an der Staatlichen Kunstakademie Stuttgart bei Karl Rössing und im Anschluß, bis 1961, ein Studium der Typographie an der Kunstakademie Düsseldorf.

1976 wurde Bernd Becher zum ersten Professor des neu eingerichteten Lehrstuhls für Fotografie an die Düsseldorfer Akademie berufen, wo er viele Jahre lang prägend wirkte.

Den Anfang der künstlerischen Auseinandersetzung mit der Industriearchitektur machte Bernd Becher, der Mitte der fünfziger Jahre damit begann, die damals bereits vom Abriß bedrohten Industrieanlagen der Erzförderung und -verarbeitung im Siegerland im Bild festzuhalten, zunächst noch mittels der traditionellen Techniken Malerei und Zeichnung. In der Fotografie fand Becher bald ein geeigneteres Medium, um gleichermaßen effizient und objektiv die Industrieanlagen zu dokumentieren. Seit 1957 entstanden erste fotografische Aufnahmen von Industriebauten. Seit 1959 arbeiten Bernd und Hilla Becher zusammen an dem Projekt der fotografischen Archivierung der Industriearchitektur. (1)

In der folgenden Zeit unternahm das Künstlerpaar Becher eine Vielzahl fotografischer Exkursionen, wobei nunmehr nicht nur stillgelegte, sondern auch in Betrieb befindliche Anlagen ins Blickfeld rückten. Zwischen 1961 und 1965 entstanden Aufnahmen vornehmlich in den Industrierevieren des Siegerlandes sowie im Ruhrgebiet und in den Niederlanden. 1963 begannen die Bechers mit Aufnahmen von Bergwerken im Ruhrgebiet, Zementwerken in Süddeutschland und Kalkwerken in den Niederlanden. Es folgten ab 1964 Aufnahmen in den Industriegebieten Frankreichs und der Beneluxländer. Das Jahr 1965 kennzeichnet den Beginn der Aufnahmen von Bergwerken in England, Wales und Schottland, im folgenden Jahr schloß sich ein sechsmonatiger Arbeitsaufenthalt in England an, der durch ein Stipendium des British Council ermöglicht wurde. Seit 1968 bezogen die Bechers auch die Industrieregionen der USA in ihre Arbeit ein, ein weiterer Aufenthalt in den Staaten folgte 1974. Bis heute entstand eine große Zahl weiterer Aufnahmen in westeuropäischen Industriegebieten.

Die künstlerische Haltung der Bechers besteht vor allem im Bemühen um Objektivität und äußerste Präzision, sie wollen die Objekte nicht interpretieren, sondern für sich selbst sprechen lassen. Die Arbeit der Bechers steht in dieser Hinsicht dem Interesse der dokumentarischen Fotografie nahe; die Künstler selbst stellen ihr Werk ausdrücklich in die Tradition der Fotografie im Umkreis der Neuen Sachlickeit, zu nennen wären etwa Albert Renger-Patzsch und August Sander.

Das fotografische Vorgehen der Bechers ist gekennzeichnet von großer Sorgfalt. Nach Möglichkeit wählen sie einen erhöhten Standpunkt, damit durch Unter- oder Obersichten erzeugte fluchtende Perspektiven vermieden werden. Einzelne Bauelemente einer Anlage erscheinen formatfüllend ins Bild gesetzt und aus ihrem Kontext - der sie umgebenden Industrielandschaft - herausgelöst. Nur selten und nur nach eingehendem Studium der Aufnahmen lassen sich motivische Indizien entdecken, die eine zeitliche Einordnung möglich machen. Bisweilen gibt es Spuren menschlicher Arbeit in den ansonsten menschenleeren Bildern. Den abgebildeten Zweckbauten eignet auf diese Weise eine zeitlose Ästhetik und beinahe magische Präsenz, so daß man zu Recht von »anonymen Skulpturen« sprechen kann - ein Begriff, der 1969 durch den Titel der ersten großen Becher-Ausstellung in der Kunsthalle Düsseldorf geprägt wurde. (2)

Ein weiterer signifikanter Aspekt ihrer Arbeit betrifft die Zusammenstellung der Fotografien zu Tableaus, die die Künstler als Präsentationsform für Ausstellungen und Publikationen wählen. Dabei fügen sie mehrere Einzelaufnahmen zu typologischen Reihen zusammen, wobei sie die Objekte in funktional bedingte Werkgruppen und »Familien« klassifizieren. Auf diese Weise entstehen komplexe Typologien, in denen gleichartige Objekte, die an verschiedenen Orten vorgefunden wurden, im direkten Vergleich stehen. Der Betrachter wird so auf einen visuellen Aspekt, nämlich die Gestaltqualität der Industriebauten verwiesen und zu strukturellem Sehen angeregt, bei dem er den Typus, die »Grundform« erfassen kann. Die anscheinende Gleichförmigkeit und verwirrende Komplexität der Konstruktion weicht dem Bewußtsein einer individuellen Physiognomie der Apparatur.

(1) Bernd und Hilla Becher heirateten 1961.

(2) »Anonyme Skulpturen. Formvergleiche industrieller Bauten. Fotos von Bernhard und Hilla Becher«, Ausstellung der Städtischen Kunsthalle Düsseldorf, 24.1. - 9.3.1969. Vgl. auch: *Bernhard und Hilla Becher: Anonyme Skupturen. Eine Typologie technischer Bauten*, Düsseldorf 1970

AZ

Kies- und Schotterwerke Süddeutschland, 1988-2001

Hochöfen USA, 1979-1986

Giebelwände Ruhrgebiet, 1972-1974

THOMAS STRUTH

1954 geboren in Geldern
lebt in Düsseldorf
1973-1978 Staatliche Kunstakademie Düsseldorf
1974-1976 bei Gerhard Richter
1976-1978 bei Bernd Becher

WEITERFÜHRENDE LITERATUR

1987 Kunsthalle Bern u.a., *Thomas Struth. Unbewußte Orte/Unconscious Places*
1993 *Thomas Struth. Museums Photographs*, München 1993
1995 Kunstmuseum Bonn, *Thomas Struth. Straßen. Potographie 1976 bis 1995*
1998 Sprengel Museum Hannover, *Thomas Struth. Portraits*
1999 Carré d'Art, Nîmes u. a., *Thomas Struth. Still*
2002 Dallas Museum of Art u.a., *Thomas Struth. Photographien 1977-2002*

Thomas Struths künstlerisches Interesse wird bestimmt von soziologischen, historischen und psychologischen Fragestellungen. Dies manifestiert sich vor allem in den vier wichtigen Themenblöcken *Straßen, Portraits, Museumsbilder* und der neuesten Werkgruppe *Paradises*.

Unbewußte Orte/Unconscious Places nannte der Fotograf seine erste große und wichtige Einzelausstellung, die 1987 in der Kunsthalle Bern und drei weiteren europäischen Stationen gezeigt wurde. (1) Bis heute ist dieser Titel programmatisch für Struths Aufnahmen von Straßen. Der Künstler vesteht sie als Identifikationsorte der dort lebenden Menschen, er will Phänomene sichtbar machen, die auf den unterschiedlichen Umgang von Menschen verschiedener Länder mit ihren Städten und ihrer Geschichte hinweisen. Aus diesem Grundgedanken resultiert seine Aufnahmemethode, bei der er in vergleichbarer Weise Straßen aus aller Welt meist menschenleer ins Bild setzt. Seine frühen Schwarzweißfotos sind nahezu ausnahmslos von der Straßenmitte aus fotografiert, so daß eine stark in die Tiefe fluchtende Perspektive gegeben ist. Später löste sich Struth allmählich von der strengen Zentralperspektive und wandte sich seit Anfang der neunziger Jahre der Farbfotografie zu. Auch Menschen finden nun vermehrt Eingang in die Aufnahmen.

Thomas Struth ist an komplexen und spezifischen historischen Situationen interessiert, wenn er versucht, die Atmosphäre von Städten zu schildern. Auch wenn seine Bilder sich immer durch ihren sachlichen und formal klaren Stil definieren, liegt seine Intention darin, die Straße als urbanen Organismus und als Kristallisationspunkt täglichen Lebens zu begreifen. Seit nunmehr 25 Jahren setzt er sich intensiv und kontinuierlich mit dem Thema Straße auseinander.

Eine fast obsessive Leidenschaft und die Liebe zur Fotografie prägt auch Struths Arbeit in der seit 1989 entstandenen Serie *Museum Photographs* (2), bei der er das Verhältnis der Menschen zur Kunst früherer Epochen beobachtet. Er richtet den Blick über die Gegenwart der Betrachter, die im Moment der Aufnahme seine eigene Gegenwart war, auf die Malerei vergangener Epochen und spannt damit einen Bogen zur Kunst einer früheren Zeit, die weit vor dem eigenen künstlerischen Schaffen angesiedelt ist. Reflexionen über Alte Meister sind in diesen Bildern ebenso enthalten wie solche über das Verhältnis heutiger Betrachter zu den Gemälden, denn immer bezieht er das Besucherverhalten in den Museen mit ein.

Eine ausgewogene Bildregie bestimmt auch die jüngste Serie von Dschungel-Aufnahmen, denen Struth den Titel *New Pictures from Paradise* gegeben hat. Überraschenderweise ist auch diese Werkgruppe durch soziologische Überlegungen motiviert. Die Bilder sind vor der Folie des Lebensgefühls der neunziger Jahre zu verstehen, einer Dekade, die aufgrund der gesellschaftlichen und politischen Umbrüche in Europa Fragen nach Neubeginn und Zukunftsgestaltung aufwarf. Für Struth verband sich diese Zeit der Unsicherheit mit der archaischen Frage des Menschen nach dem Paradies. So begann er Aufnahmen im Dschungel zu machen, an Orten also, die eine undurchdringliche, rätselhafte und vom Menschen noch unberührte Natur zeigen.

(1) Die Ausstellung, die ca. 100 Fotografien zeigte, wurde außerdem in leicht reduzierter Form an folgenden Orten gezeigt: The Fruitmarket Gallery, Edinburgh, Westfälisches Landesmuseum Münster und Ausstellungshalle Portikus, Frankfurt/M.

(2) Struth hat diese Werkreihe als »Museum Photographs« in die Literatur eingeführt. Vgl. Hans Belting, *Thomas Struth. Museum Photographs*, Ausst.-Kat., Kunsthalle Hamburg, München 1993

RP

 National Museum of Art, Tokyo 1999, 169,5 x 267 cm, C-Print

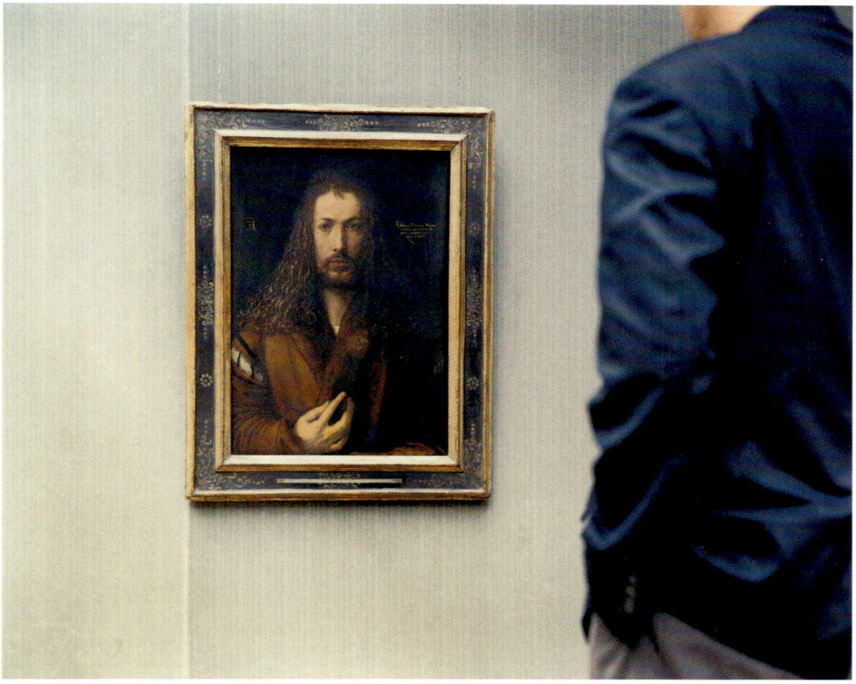

Alte Pinakothek, Selbstportrait, München 2000, 116,5 x 147 cm, C-Print

Paradise 1 (Pilgrim Sands), Daintree/Australien 1998, 218,5 x 172 cm, C-Print
Leihgabe Lothar Schirmer, München

Paradise 22, São Francisco de Xavier 2001, 177 x 135,2 cm, C-Print

Paradise 20, Bayerischer Wald 1999, 138 x 177,8 cm, C-Print

Avenida Tiradentes, São Paulo 2001, 136,3 cm x 172,5 cm, C-Print

Rua Venceslaû Bràs, São Paulo 2001, 86,6 cm x 109,6 cm, C-Print

DUNJA EVERS

1963 geboren in Hamburg
lebt in Düsseldorf
1982 Beginn des Studium in der Akademie für bildende Künste, Wien, bei Arnulf Rainer

WEITERFÜHRENDE LITERATUR

1997 Berlinische Galerie, *Positionen Künstlerischer Photographie in Deutschland seit 1945*
1999 Ursula Blichle Stiftung, Kraichtal u.a., *Ich und die Anderen*
2001 Fotomuseum Winterthur, *Dunja Evers. Zustände*

Dunja Evers, die zunächst in Wien Malerei bei Arnulf Rainer studierte, begann 1985 verstärkt mit Fotografie zu arbeiten. In ihrer ersten Ausstellung 1994 (1) zeigte sie auf rot gestrichenen Wänden kleinformatige, scheinbar monochrome Farbflächen. Erst bei eingehender Betrachtung erkannte man in den Bildern allmählich Konturen von Gesichtern, die jedoch unscharf, wie im Farbraum zerfließend, aufgenommen waren.
Das changierende Spiel mit der Wahrnehmung, das dem Betrachter Konzentration abverlangt, ist in der Kunst von Dunja Evers ein zentrales Merkmal und zieht sich kontinuierlich durch ihr Werk. Obwohl die erste Serie den Titel *Portraits* trägt, sind die Dargestellten nicht zu identifizieren. (2)
Ihr Œuvre basiert auf der Verschmelzung der Medien Film, Fotografie und Malerei. Dunja Evers sichtet Super-8-Filme und wählt aus dem laufenden Film ein Motiv, das sie dann mit einer Blendenverschlußzeit von zwei Sekunden abfotografiert. Die vierundzwanzig einzelnen Filmbilder, die in dieser Zeit ablaufen und aufgenommen werden, ergeben das Bild, das sie zunächst vergrößert und dann mit zahlreichen Schichten lichtdurchlässiger Eiweißlasurfarbe bemalt. Jede ihrer Fotoarbeiten ist somit ein Unikat. Die Farbpalette ist weit, jedoch bevorzugt die Künstlerin zumeist eine zurückhaltende, gedämpfte Farbigkeit.
In der beschriebenen Weise widmet sie sich seit 1999 einer anderen klassischen Bildform, nämlich dem Landschaftsbild. Diesen Motiven liegen sowohl Aufnahmen von Natur- als auch von Industrielandschaften zugrunde, und auch hier ist der Betrachter herausgefordert, sich intensiv auf die Bilder einzulassen. 2001 hat Dunja Evers die Serie der *Fiktionalen Landschaften* begonnen, in der sie Bildmaterial verarbeitet, das sie Science-fiction-Filmen entnimmt.
Ihre neueste, bislang unpublizierte Werkreihe sind die sogenannten Sexbilder. Zwar sind auch hier die Motive auf dieselbe Weise verfremdet wie in früheren Arbeiten, doch interessanterweise ist die zugrundeliegende Thematik rasch zu erkennen. Die Künstlerin ruft also beim Betrachter mittels minimaler visueller Reize die Vorstellung bestimmter Bilder ab. Damit verweist sie subtil auf die gesellschaftlich gleichermaßen tabuisierte wie durchaus relevante Frage nach unserem Umgang mit dem pornographischen Bild. Dunja Evers gibt mit dieser Reihe auch ein Statement zu den Großformaten der Serie *Nudes* ab, die Thomas Ruff seit 1999 publiziert. Ruff entnimmt dem Internet pornografische Motive und bearbeitet sie digital.
Beide Künstler stellen damit in durchaus provozierender Weise die Frage, ob und wie weit die universelle Verfügbarkeit pornographischen Bildmaterials unsere Wahrnehmung verändert. Immerhin besuchen rund achtzig Prozent aller männlichen Internet-Nutzer regelmäßig Porno-Seiten, und in jedem Augenblick sehen Millionen von Menschen weltweit solche Bilder.
Bewegten sich Dunja Evers' frühe Arbeiten noch primär auf der Ebene der Reflexion über Wahrnehmung, hat sie mit dieser neuen Werkreihe den eigenen Themenkanon hin zu einer gesellschaftlichen Fragestellung erweitert.
In sämtlichen Werkgruppen versteht Dunja Evers ihre Bilder vor allem als Assoziationsfelder. Die Motive, die ihnen zugrundeliegen, entziehen sich weitestgehend einer konkreten Erkennbarkeit. Sie evozieren immer auch die Frage nach der Art ihrer Herstellung und der Herkunft des Bildgegenstandes.

(1) Ausstellungsraum Thomas Taubert in der Hoffeldstrasse in Düsseldorf

(2) Vgl. hierzu ausführlich, Stefan Gronert, »Autonome Sichtbarkeit und intermediale Reflexion«, in: ders. und Urs Stahel (Hg.), *Dunja Evers. Zustände. Constellations.* Göttingen 2001, S. 13-24

RP

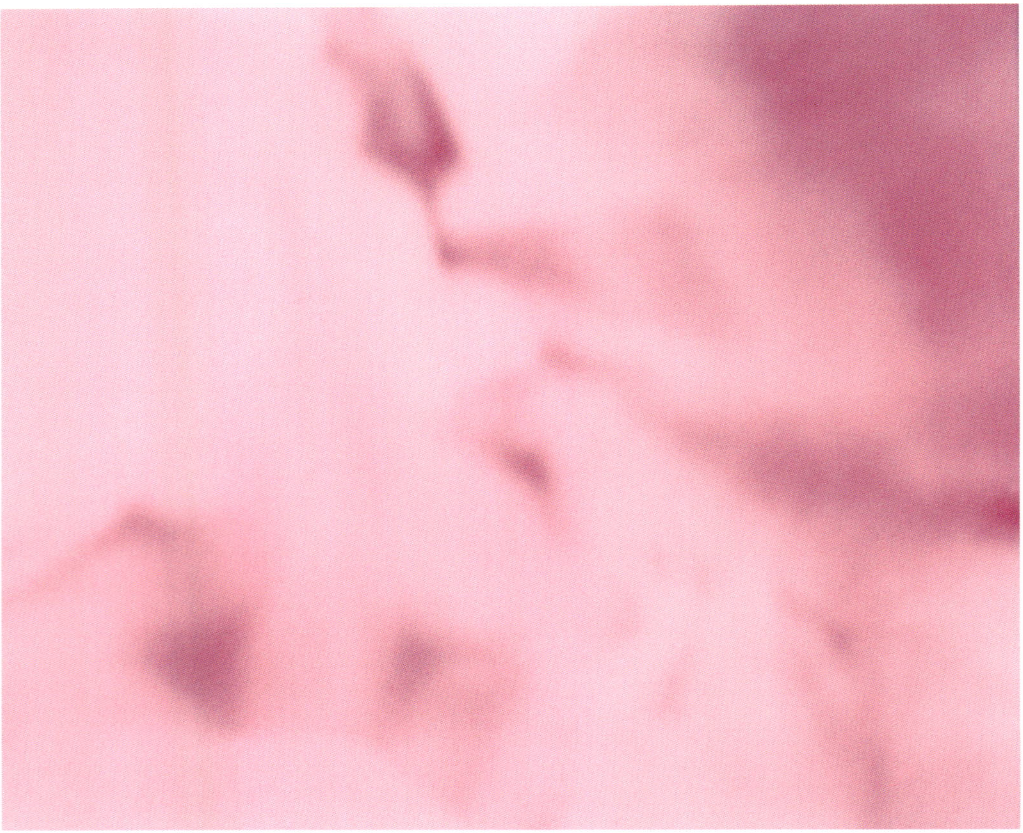

Sex Nr. 7, 2001, 42,8 x 53,5 cm
alle Arbeiten C-Prints, handkoloriert auf Aluminium kaschiert
Courtesy Galerie Thomas Taubert

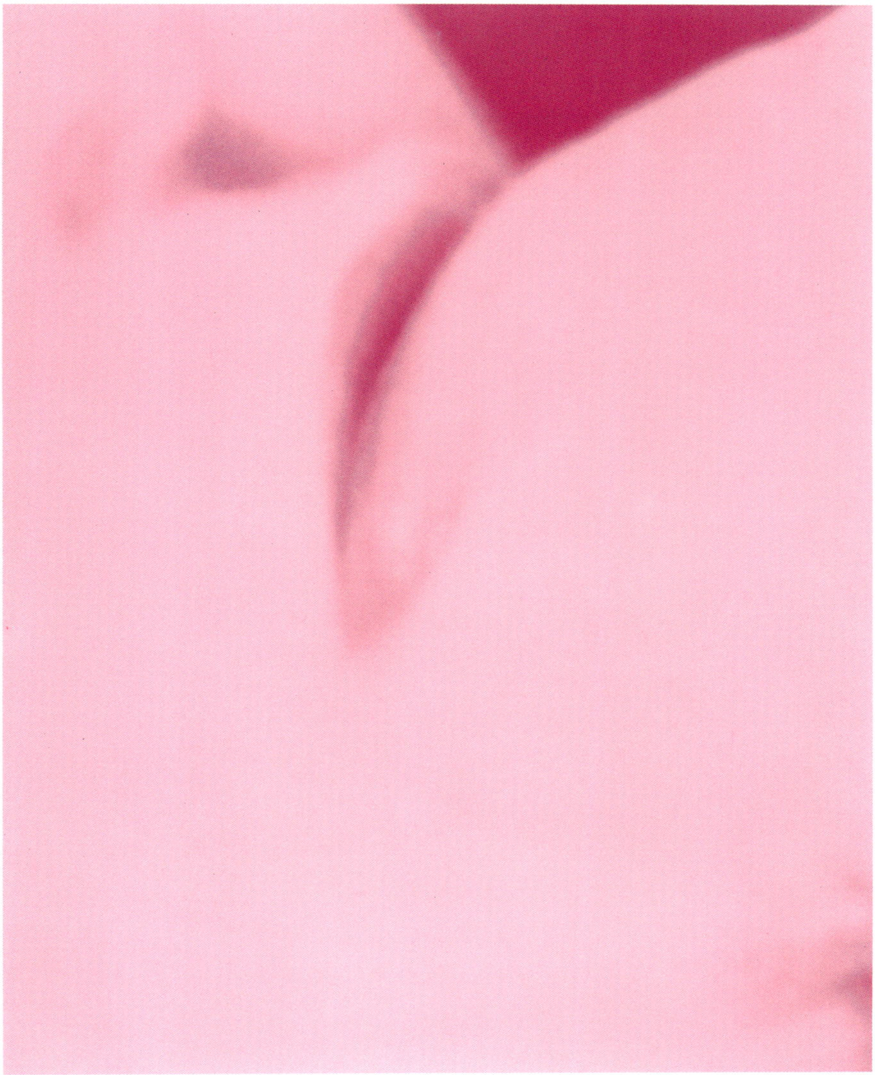

Sex Nr. 1, 2001, 56,7 x 45,4 cm

Sex Nr. 5, 2001, 43,8 x 55,5 cm

Sex Nr. 3, 2001, 42 x 56,5 cm

KLAUS RINKE

1939 geboren in Wattenscheid
lebt in Haan
1954-1957 Lehre als Plakatmaler
1957-1960 Folkwangschule Essen

WEITERFÜHRENDE LITERATUR
1972 Kunsthalle Tübingen, *Klaus Rinke. Zeit Raum Körper Handlungen*
1975 Kunstverein für die Rheinlande und Westfalen, Düsseldorf, *Klaus Rinke. Objekte Photoserien Zeichnungen 1969-1975*
1992 Kunsthalle Düsseldorf, *Klaus Rinke. Retroaktiv 1954-1991*

Der Aktions- und Installationskünstler Klaus Rinke war in den späten sechziger und den siebziger Jahren eine der Schlüsselfiguren der Düsseldorfer Kunstszene. Durch sein Wirken an der Staatlichen Kunstakademie, wo er seit 1974 eine Bildhauerklasse leitet, hat er auch erheblichen Einfluß auf die nachfolgenden Künstlergenerationen gehabt.
In den Jahren zwischen 1954 und 1956 arbeitet Rinke noch im konventionellen Medium des Tafelbildes. Während anfänglich die Verarbeitung kubistischer Anregungen vorherrschend ist, geben ihm Naturerlebnisse wichtige Impulse für sein weiteres Schaffen. 1959/60 reist Rinke mehrmals nach Griechenland, wo ihn die Landschaft, die Erfahrung der Elemente und des eigenen Körpers nachhaltig beeinflussen. Als Reflex entstehen neben abstrakten Gemälden auch Aktfotografien und die frühe Fotoserie *Eine Handvoll Sand in den Mond geworfen* (1960).
Mitte der sechziger Jahre arbeitet Rinke für einige Zeit mit dem neuen Werkstoff Polyester, aus dem er großformatige Raumelemente herstellt. Auch Wasserbecken und Schwimmelemente spielen hier bereits eine Rolle. Analog zu diesen plastischen Arbeiten entstehen Tafelbilder mit Kompositionen aus organ- oder zellenartigen Formen in einer an die Pop Art erinnernden Buntfarbigkeit. Im Kontrast zu diesen Arbeiten stehen die gegen Ende der sechziger Jahre entstandenen Raumplastiken aus Bauholz, mit dem Rinke schlichte Bodenflächen aufbaut (u. a. Ausstellung »between 2«, Kunsthalle Düsseldorf, 1969). Der Künstler versteht sie als »Aktionsflächen«: Die Besucher können auf ihnen stehend, laufend oder sitzend agieren und so elementare Erfahrungen von Raum und Zeit, Bewegung und Stillstand machen. Im Anschluß daran entstehen begehbare, mehrere Quadratmeter große Wassersäcke. Auch hier erweitert Rinke den tradierten Skulpturbegriff, wenn er den nach Balance ringenden Besucher in das Werk einbezieht und seine Sinneswahrnehmung zu sensibilisieren sucht.
Das Element des Wassers gewinnt für Rinke zentrale Bedeutung. Um 1969 entstehen Installationen mit Schlauchsystemen, bei denen der austretende Wasserstrahl gelenkt, zerstäubt oder gegen eine Fensterscheibe gerichtet wird. Rinke zeigt, wie die gestaltlose Materie in skulpturale Form überführt und diese erneut aufgelöst wird. In der Ausstellung »14 x 14« (Baden-Baden, 1969) präsentiert er *12 Faß geschöpftes Rheinwasser*, eine für Rinke charakteristische Arbeit im Schnittbereich von Concept Art und Aktionskunst. Ausgestellt werden eine Projektskizze, die mit Rheinwasser gefüllten Fässer sowie fotografische Aufnahmen, auf denen die vorangegangene »skulpturale Aktion« – gemeint ist die Schöpfaktion an zwölf verschiedenen Stellen des Rheins – festgehalten ist.
Rinke hat seine Auseinandersetzung mit dem Wasser in den siebziger Jahren in zahlreichen Aktionen weiterverfolgt. Immer wieder geht es dabei um die Polarität zwischen der kontinuierlichen, formlosen Qualität des Wassers und dem Schöpfen und Schütten als einschneidende, zeitsetzende Handlungen. Für Ausstellungen baut er Installationen aus Schläuchen, Wasserrinnen, Loten, Uhren, Wannen und ähnlichem Gerät auf, die als Demonstrationen zur Bestimmung von Menge, Maß und Gewicht zu verstehen sind. Später vollführt er spektakulärere Aktionen, beispielsweise das Eintauchen in Wasserfässer oder den *Wasserlift* (1976), bei dem sein Körper durch den ansteigenden Pegelstand eines Gefäßes allmählich in die Höhe gehoben wird.
Parallel dazu entstehen Arbeiten, in denen Rinke aus Lotgewichten und Hanfschnüren Verspannungssysteme auf der Wand oder frei im Raum (1) errichtet. Der Künstler selbst spricht von »Gravitationszeichnungen« und situiert die Arbeiten damit im Grenzbereich von Grafik und Plastik. Thematisch verwandt sind raumgreifende Installationen aus additiv montierten Holzstangen, die wie ins Skulpturale übersetzte Chronofotografien wirken und mit denen Rinke fallende Bewegungsabläufe veranschaulicht.
Eine weitere Facette in Rinkes Werk sind seit 1970 die »Primärdemonstrationen«, bei denen der Künstler seinen Körper wie eine lebende Skulptur einsetzt, um Raum- und Zeitmessungen vorzunehmen. Dabei werden Körper-Handlungen, etwa das Umstoßen oder Ausleeren eines Wasserbehälters, das Durchschreiten eines Raumes oder das Aufrichten eines Gegenstandes, nach einem festgelegten Ablaufplan durchgeführt und in fotografischen Sequenzen dokumentiert. In diesen Fotoserien erscheint das Verstreichen der Zeit in wahrnehmbare Handlungen überführt.
Die Dokumentation der »Primärdemonstrationen« übernimmt meist die Fotografin Monika Baumgartl. Zusammen mit ihr realisiert Rinke zwischen 1970 und 1976 auch die Aktionen und Fotoserien *maskulin – feminin*, bei der die beiden Aktionisten das widerstreitende Verhältnis der Geschlechter in eine Serie bildhafter Kürzel übersetzen. Eine herausragende Fotoarbeit ist auch die 112teilige Serie *Mutationen* (1970), in der Rinke, aufgenommen in stets gleichbleibender Frontalität, Variationen von Körpergebärden vollführt, die als »Gesten einer körperspezifischen Elementarrhetorik« (2) zu begreifen sind.
Seit Ende der siebziger Jahre hat Rinke zunehmend Distanz zum westeuropäischen Kunstbetrieb genommen. Er reist mehrfach nach Australien und siedelt 1981 nach Los Angeles über. In den achtziger Jahren wendet er sich erneut der Malerei zu, außerdem entstehen aufwendige Installationen im Außenbereich wie zum Beispiel die *Gravitationswasserplastik* (Köln, 1984) oder die *Hommage à Bachelard* (Lusigny sur Barse, 1986).
Das Medium Fotografie hat für Rinke in den letzten Jahren erneut an Bedeutung gewonnen. Mit Aufnahmen von Wasserflächen, Pfützen und Wasserfällen knüpft er an das zentrale Thema seines Œuvres an, wobei er indes die Fotos nicht als eigenständige Werke begreift, sondern als Varianten in der Auseinandersetzung mit dem Thema Wasser in den Kontext seiner übrigen Arbeit stellt.

(1) Beispielsweise auf der »documenta 6«, Kassel 1977
(2) Jürgen Harten: Vorwort, in: *Klaus Rinke. Retroaktiv*, Ausst.Kat. Städtische Kunsthalle Düsseldorf, hg. von Hans-Werner Schmidt, Düsseldorf 1992, S. 7

AZ

out of focus, 1972, 227 x 224 cm, PVC Folie

Wasser (Pazifik), 1974, 140 x 110 cm, C-Print

Wasser (Indischer Ozean), 2000, 140 x 110 cm, C-Print

Wasser (Mittelmeer), 1983, 140 x 110 cm, C-Print